세상을 바꾼

미술

**아름다움은 인간을
어떻게 변화시키는가**

세계사 가로지르기 17
세상을 바꾼 미술
© 정연심 2016

초판 1쇄 발행	2016년 1월 25일
초판 6쇄 발행	2023년 5월 4일

글쓴이	정연심

펴낸이	김한청
기획편집	원경은 차언조 양희우 유자영 김병수 장주희
마케팅	현승원
디자인	이성아 박다애
운영	최원준 설채린

펴낸곳	도서출판 다른
출판등록	2004년 9월 2일 제2013-000194호
주소	서울시 마포구 양화로 64 서교제일빌딩 902호
전화	02-3143-6478
팩스	02-3143-6479
블로그	blog.naver.com/darun_pub
트위터	@darunpub
인스타그램	@darunpublishers
메일	khc15968@hanmail.net
ISBN	979-11-5633-055-4 44900
	978-89-92711-70-8(세트)

세상을 바꾼

미술

아름다움은 인간을
어떻게 변화시키는가

정연심 지음

다른

차례

7 미술과 사회

머리말: 아름다움은 세상을 어떻게 바꾸었을까

대학교 1학년 영어 수업 시간에 H. W. 잰슨의 《서양미술사》 서문을 읽은 적이 있다. 자전거 안장과 핸들을 이용해 만든 파블로 피카소의 〈황소의 머리Bull's Head〉1942에 대한 글로 기억하는데, 미술 작품을 중심으로 당시의 역사와 문화를 함께 조명했던 점이 나에게는 신선한 충격이었다. 그리고 그때의 인연으로 나는 미술사 연구의 길로 들어서게 되었다.

예술 작품은 그것이 제작된 특정 시대의 철학, 종교 사상, 사회현상이나 기술력 등을 반영한다. 이와 더불어 예술 작품은 한 시대를 변화시키는 견인차 역할을 한다. 미술은 바뀐 세상을 반영하기도 하지만 세상을 바꾸기도 한다. 또한 미술은 인간의 내면을 표현하면서도 사회와 끊임없이 교감함으로써 당대의 물질문화와 긴밀한 관계를 맺는다. 특정 시대에 가능했던 기술력은 예술가들에게 도전 의식을 불러일으킨다.

예술은 우리의 일상생활이나 물질문화와 아주 복잡하게 얽혀 있다. 예를 들면, 사용과 보관이 간편한 튜브 물감이 보급되지 않았다면 프랑스의 인상주의는 빛을 발하지 못했을 것이다. 1839년 카메라가 보급되지 않았다면 19세기 후반의 예술사는 다른 길로 접어들었을 것이다. 때로 예술은 특정 종교 아래에서 정해진 도상에 따라 작품을 제작해야 했다.

예술가들은 모든 주제를 자유롭게 표현한 것 같지만, 미술 작품에서 다뤘던 주제들을 보면 특정 시기에는 주목받았던 것이 어떤 시기에는 사라지기도 했다. 미술 작품에 나타난 기법의 완성도나 혁신성도 중요하지만 율리우스 2세나 메디치 가문과 같은 후원자의 역할, 변화하는 시대상과 함께 교감하는 방식 등도 미술사에서는 중요한 요소였다. 그리고 예술 작품은 과거의 예술사나 문화사, 물질문명을 상상하게 하는 중요한 매개체 역할을 한다. 이런 여러 가지 미술 이야기를 《세상을 바꾼 미술》에 담고자 했다.

이 책에서는 미술 작품을 둘러싼 다양한 사회적 맥락을 짚어 보기 위해 '미술과 권력, 미술과 동서 문화 교류, 미술과 테크놀로지, 미술과 일상, 미술과 종교, 미술과 여성, 미술과 사회'라는 일곱 가지 주제를 설정하였다. 동양은 서양과 만나고, 과거와 현재는 특정 작가의 작품 속에서 교류한다. 프랑스혁명 이후 등장한 부르주아 계층의 급부상을 다루면서 예술 작품 속에 표현된 노동쿠르베의 경우이나 여성성마네의 경우을 만날 수 있다. 또한 그리스어 '테크네techne'에 기원을 둔 '예술art'은 좁게는 예술가의 기술력기법과, 넓게는 구텐베르크의 인쇄술이나 카메라와 같은 과학기술의 진보와 쌍방향으로 반응한다는 것을 알 수 있다.

　요즘에는 모든 분야가 지나치게 전문화되면서 예술사를 공부하는 사람들도 동양과 서양, 시대, 매체 등으로 나누어 연구하고 있다. 그러나 문화는 본래 물처럼 흐르고 교류하면서 발전해 왔다. 물론 미술도 예외가 아니다. 오늘날의 문화가 지나친 경계보다는 통섭과 교류를 강조한다는 점에서 '세상을 바꾼 미술'을 둘러싼 다양한 시각을 추가해 보아도 좋을 것이다.

　처음에는 학생으로, 이후에는 교수로서 13년 동안 뉴욕에 거주하면서 보았던 유럽 및 동아시아 미술 전시는 이 책을 집필하는 데 훌륭한 참고 자료가 되었다. 이 책에 포함된 거의 모든 주제는 뉴욕 메트로폴리탄미술관, 뉴욕 현대미술관, 구겐하임미술관, 보스턴미술관, 필라델피아미술관 등에서 본 전시에서 영감을 받은 경우가 많다. 책이 나오기까지 원고를 꼼꼼하게 읽어 준 심영신 선생님과 손수연 선생님께 감사드린다.

　이 책의 각 장마다 들어가 있는 '이야기톡'에는 그동안 우리가 잘 몰랐거나 과소평가했던 이야기들을 담았다. 이야기톡은 이경민 씨가 도와주었고, 이미지 정리는 홍익대학교 예술학과 졸업생 심규호가 도와주었다. 두 사람은 보조 연구원으로 이 책의 완성에 큰 도움을 주었다.

교수로 재직하면서 단행본을 마무리하는 것은 쉬운 일이 아니었다. 이 책을 출판하기까지 도서출판 다른의 김한청 사장님과 최가영, 서유미 편집자가 많은 도움을 주었다. 특히 원고가 많이 지연되었음에도 끈기 있게 기다려 주고 독려해 주신 점에 대해 깊이 감사드린다. 최가영 팀장은 거친 원고를 깔끔하게 다듬어 주었고 이 책을 출판하기까지 가장 큰 원동력이 되어 주었다. 이 책이 미술에 입문하거나 문화사에 관심을 둔 모든 분께 조금이나마 도움이 되기를 바란다.

상수동에서
정연심

미술과 권력

제국을 위하여, 아치의 발견

그리스에 가면 많은 유적을 볼 수 있다. 지금은 비록 흔적만 남은 것들이지만, 과거의 영광이 고스란히 담겨 있다. 이러한 고대 그리스의 예술은 서양 문화의 원천이 되었다. 그리스인들은 인체를 가장 아름답게 표현하는 방식을 찾아냈고 아름다움의 가장 완벽한 전형인 '카논canon'을 구축하는 데 성공하였다. 그들은 직립 보행하는 인간을 아름다운 조각으로 표현했고 대리석을 깎아서 사원을 만들었다. 인체의 직립성을 강조한 아르카이크 미술Archaic Art, B.C.750~B.C.500부터 고대 그리스의 미술 양식이 확립되는 고전기Classic Period, B.C.500~B.C.323에 이르기까지 그리스 예술은 그리스 신화에 등장하는 다양한 신과 인물을 창조해 냈다. 이후 헬레니즘 시대Hellenism Period, B.C.334년부터 약 300년간를 연 알렉산드로스Alexandros B.C.356~B.C.323 대왕은 헬레니즘 예술을 동방으로 전파했다. 이렇게 그리스 문화와 예술은 서양을 벗어나 인도까지 퍼져 나가게 되었다.

로마인은 로마 공화정B.C.509~B.C.27을 건립하면서 체계화된 법과 질서, 규범을 만들었다. 하지만 예술에서만큼은 그리스 예술을 인정하고 받아들였다. 로마인은 수많은 그리스 조각을 복제하면서 그리스 예술을 모방했는데, 그리스인이 사랑했던 대리석을 로마인들 역시 매력적으로 여겼기 때문이다. 우아한 아름다움을 표현하기에 대리석만 한 재료가 없었다. 로마인들은 〈원반 던지는 사람Diskobolos〉B.C.450?에서처럼 대리석으로 우아함과 역동성을 동시에 강조한 그리스 예술을 경외심으로 바라보았다. 더욱이 파르테논 신전과 같이 주두柱頭. 기둥머리와 기둥을 이용한 건축 구조물은 로마인들을 사로잡기에 충분했다.

하지만 로마제국B.C.27~A.D.395이 형성되면서 로마는 제국에 어울리는 새로운 예술을 추구해야 했다. 로마제국은 오늘날의 이탈리아를 비롯해 스페인, 영국, 프랑스, 소아시아, 북아프리카 등지를 포함하였다. 따라서 로마인들은 그리스 문화의 규모로는 로마제국의 위엄과 황제들의 권위를 표현하는 데 한계를 느꼈다. 무엇보다도 대리석은 가격이 비쌌고 정교한 수작업으로 예술의 완성도를 높여야 하는 재료였다. 로마제국은 광대한 제국에 걸맞은 새로운 건물을 지어야 했고 다리를 놓아야 했으며 수로를 만들어 물을 원활하게 공급할 필요가 있었다. 하지만 그리스 사원은 너무 많은 기둥을 사용하여 탁 트인 넓은 공간을 구현하지 못했다. 이 점을 로마인들은 극복하려고 했다. 그 결과 '아치arch'라는 새로운 예술 형식이 탄생했다. 아치는 건물 상부구조의 무게를 잘 견디면서도 넓은 실내 공간을 만들어 내는 획기적인 형식이었다.

그리하여 로마제국의 예술은 규모가 달라졌다. 넓은 영토를 다스리기에 표준화된 대로나 아치는 유용하게 사용되었다. 로마인들은 수로교水路橋, aqueduct를 만들어 계곡이나 골짜기에서 물을 끌어와 농경이나 도시에 필요한 물을 공급했다. '애퀴덕트aqueduct'라는 단어는 '물'을 뜻하는 '아쿠아aqua'와 '끌다'라는 뜻의 라틴어 '두케레ducere'에서 나온 것이다. 이때 만들어진 수로교는 아직도 그리스와 이탈리아, 프랑스와 소아시아, 북아프리카 등지에 남아 있고 실제로 사용되고 있기도 하다.

그런데 여기서 수로교를 자세히 살펴볼 필요가 있다. 고대 그리스인들이 애용하던 값비싼 대리석에서 벗어나 로마인들은 값싼 콘크리트로

세고비아 수로교.

이 건축물을 만들었다. 여러 나라를 포괄하는 제국을 건설하는 데 있어서 대리석과 같은 비싼 재료를 쓰는 것은 불가능한 일이었다. 로마인들은 제국에 걸맞은 재료를 활용한 것이다.

　로마인들은 기술적 혁신을 이루었는데, 석회를 화산모래나 자잘한 돌 등과 섞어서 콘크리트를 만들었다. 현재 우리가 흔히 사용하는 '시멘트'는, 로마인이 개발한 콘크리트에 사용된 자잘한 돌을 의미하는 라틴어 '시멘텀cēmentum'에서 유래하였다. 그들은 거친 콘크리트 위에, 치장 벽토塗土, stucco를 덧발라 외관을 아름답게 꾸미곤 했다. 하지만 무엇보다도 콘크리트의 견고함과 기능성은 제국 특유의 예술 양식을 형성하는 데 결정적인 역할을 했다.

로마인들은 새로운 재료에서 더 나아가 혁신적인 예술 형태를 창조하였다. 그리스 예술의 우아한 고전미를 포기하고 실용적인 건축 공학 기술을 활용한 것이다. 덕분에 로마는 자신이 지배하고 있는 여러 나라에 수많은 구조물을 한꺼번에 건설할 수 있게 되었다. 특히 로마의 새로운 예술 형식인 아치는 로마제국을 형성하는 데 커다란 기여를 했다. 아치는 모양에 따라 여러 가지 형식이 있는데, 아치의 끝이 뾰족하거나 다양한 포물선 모양이 있다. 이러한 아치를 어떻게 조합하느냐에 따라 궁륭^{vault}의 종류가 결정되었다. 예를 들면, 원통궁륭^{barrel vault}이 가장 단순한 형태의 아치인데, 두 개의 원통궁륭을 서로 직각으로 교차시키면 교차궁륭^{groin vault}이 된다. 교차궁륭은 많은 건축물에 활용되었다. 이처럼 아치형 구조는 로마인의 창의력을 상징하면서, 이후 로마네스크 건축 양식에 그대로 반영된다.

광대한 로마제국을 평화롭게 통치한 인물은 아우구스투스 Augustus B.C.63~A.D.14 황제였다. '로마의 평화'라는 뜻인 '팍스 로마나^{Pax Romana}'는 아우구스투스 황제의 업적을 잘 설명해 주는데, 그는 예술을 정치적으로 가장 잘 이용한 황제이기도 하다. 이탈리아의 프리마 포르타^{Prima Porta}에서 발견되었다고 해서 〈프리마 포르타의 아우구

교차궁륭.

스투스Statua di Augusto da Prima Porta〉1세기라고 불리는 조각상은 로마 황제의 위엄과 권위를 잘 보여 준다. 그리스인은 신화 속에 등장하는 영웅들을 조각상으로 만들었지만, 로마의 조각가는 로마 황제를 신의 모습으로 만들었다. 그리스 조각에는 조각가의 이름이 남았지만, 로마의 조각가는 자신의 이름을 드러낼 수 없었다. 조각상을 통해 로마 황제에게 신권을 부여해야 했기 때문이다. 황제의 조각상에는 로마 시민들을 통치하듯, 권위적이면서도 근엄한 신의 모습이 담겼다.

물론 로마 시민들에게 아우구스투스 황제의 조각상은 낯설지 않았다. 그리스 미술에서 보아 오던 익숙한 이미지였기 때문이다. 누드였던 그리스 신이 투구와 갑옷을 입은 로마 황제로 바뀐 것뿐이었다. 황제의 자세는 고대 그리스 조각에서 쉽게 볼 수 있는 '콘트라포스토contraposto' 포즈였다. 콘트라포스토란 선 자세에서 한쪽 다리에 힘을 싣고, 다른 쪽 다리를 구부려서 인체에 역동감과 생기를 더하는 기법으로 그리스인들이 창안해 낸 포즈다. 신의 모습을 한 아우구스투스 황제상은 로마인의 새로운 시대정신과 미의식을 반영했으며, 아우구스투스 황제를 로마 시민들에게 평화의 수호자이자 든든한 예술 후원자로 인식하게 하였다.

그리스 예술 양식과 로마제국의 예술 양식이 가장 잘 표현된 예로 로마제국 최고의 건축물인 판테온Pantheon 118~125과 콜로세움Colosseum 70~80을 꼽을 수 있다. 판테온은 로마가 기독교 국가가 되기 전까지 로마의 신들을 모시던 성전이다. 실내의 벽감에는 신의 조각상들이 배치되었으며 이후 기독교 성인들의 조각으로 대체된다, 돔dome 형의 천장에는 '눈oculus'을 의미하는 공간이 뚫려 있다. 판테온 건물의 앞부분은 그리스 건축 양식을 모방하여 대

〈프리마 포르타의 아우구스투스〉, 1세기, 203cm, 바티칸미술관.

판테온, 126년, 로마.

리석을 사용하였지만, 돔 형식으로 돌아가는 뒷부분은 콘크리트를 사용하였다.

　콜로세움은 로마인들이 당시 문화를 즐기던 오락의 공간이다. 로마의 검투사들은 로마제국을 대표하는 일종의 스포츠 스타이면서 동시에 노예와 같은 신분이었다. 격투를 구경하러 온 사람들은 콜로세움에 들어가기 위해 층별로 차별화된 입장권 가격을 지불했다. 로마제국은 오늘날의 미국처럼 다양한 인종과 민족의 용광로였고, 세계적인 국제도시의 면모를 갖추고 있었다. 무려 5만여 명의 관람객을 수용할 수 있었던 콜로세움은, 햇볕이 많이 내리쬘 때를 대비한 차양과 검투사들의 피를 씻을 수 있는 하수구 시설을 완벽하게 갖추고 있었다. 콜로세움의 외양은 그

콜로세움, 70~80년, 로마.

리스 예술 양식을 채택했고, 건물 내부는 로마제국의 규모와 실용성을 채택하였다.

　제국을 찬란하게 장식하던 로마제국의 문화와 예술은 로마인에게 강한 자부심과 시민 의식을 심어 주었다. 지금도 로마의 거리를 걷다 보면 곳곳에서 'SPQR'을 발견할 수 있다. SPQR은 '원로원과 로마 시민 Senatus Populusque Romanus'의 약자다. 원래 공화정 시대에 만들어진 말인데, 제정 시대에도 지속적으로 사용되었으며 오늘날까지도 사용되고 있다. 귀족 출신의 원로원 집정관 두 명과 평민 출신의 호민관 두 명을 내세운 로마의 정치체제 SPQR은 서로를 견제하기 위해 만들어졌지만, 로마의 동전과 방패 등에 새겨질 정도로 오랫동안 로마인의 마음에 남아 있다.

한편 황제의 업적을 기념하던 각종 선전 예술은 처음의 의도와 달리 그리 오래가지 못한다. 콘스탄티누스Constantinus I 재위 306~337황제가 기독교를 정식 종교로 인정하면서 황제 중심의 로마 예술은 역사 속으로 사라졌기 때문이다. 그러나 그리스의 예술을 모방하면서도 끊임없는 도전과 혁신을 모색하여 새로운 문화를 창출한 로마의 문화 예술은 후대 사람들에게 소중한 유산이 되었다.

예술을 사랑한 교황

르네상스 시대의 교황은 오늘날의 대통령과 같은 정치적인 지위를 차지하고 있었다. 가톨릭 국가인 이탈리아에서 교황은 살아 있는 신과 같았기 때문에 종교적인 권한을 가지면서도 정치적 권력을 행사할 수 있었던 것이다. 명망 있는 집안이라면 가문에서 교황을 배출하는 것을 자랑스럽게 생각했고, 교황도 자신의 집안과 출신을 알리는 문장을 즐겨 사용하였다. 하지만 교황이 누렸던 특권은 결국 부정부패로 이어졌다. 그리하여 종교개혁Reformation과 로마 가톨릭 교회 개혁 운동인 반종교개혁Counter-Reformation이 일어나게 된 것이다. 1517년 마르틴 루터Martin Luther 1483~1546와 장 칼뱅Jean Calvin 1509~1564을 중심으로 일어난 종교개혁으로 신교가 탄생하면서 종교적 부패를 척결하자는 목소리가 높아졌다. 아울러 신과 인간을 중개한다고 여겨졌던 교황의 존재는 부정되었다. 하지만 신교가 득세하던 유럽 북부와 달리 이탈리아와 스페인, 프랑스에서는 여전히 가톨릭

이 절대적이었으며, 이곳에서 교황의 존재 역시 절대적이었다.

한편 신교가 성모마리아보다 성경을 중심으로 하는 예수를 강조하면서 미술품에 대한 수요가 급격하게 줄어들었다. 교회를 지어도 교회 안에는 십자가상을 제외하고는 극히 미미한 예술 작품이 배치되었다. 미술품보다는 교리와 성경이 사람들을 교화시키는 데 중요하다고 여겨졌기 때문이다. 독일 등지에서 종교화와 같은 예술 작품의 수요가 눈에 띄게 줄어들면서 한스 홀바인Hans Holbein 1497~1543과 같은 미술가들은 새로운 주제를 다루거나 초상화 수요를 찾아 나서야 했다. 종교의 변화로 인해 예술가들은 직업을 잃기도 했던 것이다.

신교가 교회에서 이미지를 사용하는 것을 우상숭배로 여기고 이를 자제했던 것과 달리, 가톨릭가톨릭은 교리를 가르칠 때 이미지를 적극적으로 사용할 것을 권유했다. 당시 대부분의 사람이 글을 읽을 수 없다는 점을 감안하여, 가톨릭은 선교 측면에서 미술 작품의 중요성을 인정하고 있었다. 당시 교육받은 사람들이 사용하는 언어는 라틴어였는데, 미술가 중에서도 라틴어를 읽을 수 있는 사람이 많지 않았다. 여러 언어에 능했던 사람은 대학 교육을 받은 렘브란트Harmensz van Rijn Rembrandt 1606~1669와 루벤스Peter Paul Rubens 1577~1640정도였다. 그렇기 때문에 교황은 미술가들에게 미술 작품을 많이 의뢰하였다. 특히 르네상스 시대의 교황, 율리우스 2세Pope Julius II 재위 1503~1513는 이러한 르네상스의 시대상을 가장 잘 대표하는 인물이다.

르네상스는 부활, 재생, 부흥을 의미한다. 그렇다면 무엇이 부활했다는 것일까? 고대 그리스와 로마의 예술, 문학, 철학, 고전 등의 문화가 부

라파엘로 산치오, 〈율리우스 2세의 초상〉, 1512년, 나무판에 유채, 108.7×81cm, 런던 내셔널갤러리.

활했음을 의미한다. 중세 시대처럼 신 중심이 아니라 인간을 예술과 문화의 중심에 놓는 새로운 휴머니즘^{인문주의}의 시대가 도래했음을 의미한다. 이처럼 르네상스는 문학에서 시작되었다. 문인들은 라틴어 대신 피렌체를 비롯한 토스카니 지역에서 사용하던 이탈리아어를 사용하였는데, 이로써 라틴어를 모르는 사람들도 쉽게 문학작품을 읽을 수 있게 되었다. 휴머니즘의 아버지로 여겨졌던 페트라르카^{Francesco Petrarca 1304~1374}의 시와 보카치오^{Giovanni Boccaccio 1313~1375}의 《데카메론^{Decameron}》1351, 단테^{Alighieri Dante 1265~1321}의 《신곡^{La Divina Commedia}》1308~1321 등이 모두 이탈리아어로 쓰였다.

보통 15세기와 16세기를 르네상스의 주요 시대로 규정하지만, 14세기부터 이미 르네상스가 싹트기 시작했다. 르네상스가 유럽 전역에서 발생했던 것으로 생각하기 쉬운데, 르네상스는 이탈리아에 국한되어 일어났다. 또한 이탈리아 안에서도 르네상스는 독특하게 전개되었는데, 이탈리아가 19세기에 이르러서야 근대 국가의 개념으로 통일되었기 때문이다. 근대 이전에 베네치아^{베니스}, 피렌체^{플로렌스}, 밀라노, 나폴리, 로마 등은 각각 공화국, 왕족 혹은 공작 등이 지배하는 독특한 도시 국가 체제를 이루고 있었다. 따라서 베니스를 중심으로 한 르네상스와 피렌체와 로마를 중심으로 했던 르네상스는 각기 다른 궤도를 그리면서 형성되었다.

율리우스 2세는 로마제국 황제의 방식으로 예술을 후원했다. '율리우스'라는 이름도 로마의 율리우스 카이사르Julius Ceasar B.C.100~B.C.44에서 따온 이름이다. 그는 로마 황제들이 취했던 행정조직이나 예술 정책의 영향을 많이 받았는데, 예술을 통해서 사람들에게 하느님의 말씀을 가르칠 수 있고 가톨릭교회를 쇄신할 수 있다고 믿었다. 따라서 그는 예술가들에게 가장 많은 작품을 주문한 교황이 되었다.

율리우스 2세는 약 10년 동안 재위했는데, 이 기간 동안 대형 사업을 단행한다. 첫째, 성 베드로 성당의 바실리카Basilica를 위해 고대 건축을 바탕으로 한 새로운 디자인을 의뢰했고, 둘째, 미켈란젤로Michelangelo Buonarroti 1475~1564에게 바티칸 시스티나 성당의 천장화를 그려 달라고 의뢰한 것이다. 셋째, 라파엘로Raffaello Sanzio 1483~1520에게 '서명의 방'이라고 불리던 교황이 거주하는 바티칸의 방을 꾸밀 네 개의 프레스코화를 주문하였다. 이 중 〈아테네 학당School of Athens〉1509~1511은 라파엘로 최고의 걸작으로 평가받는다.

이러한 것들은 가톨릭의 권위를 단단하게 다지기 위한 사업이었다. 그러나 한편으로는 율리우스 2세의 미술 기획이 교황의 권위를 강조하고 개인적인 야망과 권력을 추구하는 것으로 비춰져서 비판을 받기도 했다. 왜냐하면 이러한 사업들은 많은 돈을 필요로 했고 수많은 인력을 동원해야 했기 때문이다. 결국 율리우스 2세의 대형 사업들은 곧 종교개

성 베드로 성당 바실리카, 1626년, 바티칸.

혁이라는 특단의 조치로 이어질 수밖에 없었다. 하지만 율리우스 2세가 아니었더라면 오늘날 바티칸의 성 베드로 성당은 거대한 규모를 자랑할 수 없었을 것이고 걸작 예술 작품들도 존재하지 못했을 것이다.

율리우스 2세의 총애를 받은 미술가는 미켈란젤로였다. 미켈란젤로는 시인이자 화가였고, 조각가 겸 건축가였다. 그는 〈피에타Pieta〉1498~1499와 〈다비드David〉1501~1504를 제작하고 성 베드로 성당의 바실리카 돔1547~1558을 디자인했다. 그는 인체 비율을 수학적으로 정확하게 적용시키는 것보다 인체에서 품어져 나오는 격정의 감정인 파토스pathos를 강조했다. 고대 그리스 예술에서 선보였던 황금비율과 완벽한 아름다움보다는 이러한 기준들이 허물어지기 시작한 헬레니즘 예술을 더욱 사랑한 것이다. 시스티나 성당에 등장하는 인물들이 유난히 남성적으로 과장된 인체 근육을 보여 주는 것도 이 때문이다. 따라서 미켈란젤로의 프레스코 화는 살아 있는 조각처럼 생동감과 역동성이 느껴진다.

미술사가 바사리Giorgio Vasari 1511~1574가 르네상스를 대표하는 중요한 작가라고 일컬을 정도로, 미켈란젤로는 살아 있는 동안 교황뿐 아니라 당대 수집가들의 사랑을 한 몸에 받았다. 그는 신이 인간과 자연을 창조하듯, 인체 조형을 제작해 나가는 조각가의 임무가 화가의 역할보다 훨씬 월등하다고 믿었다. 그래서 미켈란젤로는 조각가, 화가, 시인, 건축가로 활동했지만, 스스로를 조각가로 규정하였다. 특히 조각가의 작업은 '인간을 창조하는' 영적인 힘을 가지고 있다고 믿었고, 조각가의 손은 생명을 불어넣는 힘을 가졌다고 생각했다.

미켈란젤로는 1501년부터 1504년 사이에 카라라Carrara에서 생산되는

라파엘로 산치오, 〈아테네 학당〉, 1509~1511년, 579.5×823.5cm, 프레스코, 바티칸미술관.

미켈란젤로 부오나로티, 〈아담의 창조〉, 1511~1512년경, 프레스코, 280×570cm,
시스티나 성당, 바티칸.

미켈란젤로 부오나로티, 〈모세〉, 1513~1515년, 235cm, 성 베드로 성당, 로마 빈콜리.

질 좋은 대리석으로 〈다비드〉 조각상을 제작하면서 피렌체 공화국의 영웅이 되었다. 미켈란젤로는 다비드가 골리앗과의 싸움에서 승리를 거두는 모습이 아니라, 왼쪽으로 고개를 돌리고 적을 바라보는 모습을 표현했다. 이때 다비드의 자세는 에너지로 넘치되 순간적인 긴장감이 잘 표현되었다. 다비드의 인체는 아름답지만 이상화되지 않았다. 고전적인 아름다움을 가지고 있지만, 영웅의 눈빛과 자세는 심리적인 긴장감을 일으키며 관람자들을 몰입하게 만든다. 〈다비드〉는 피렌체 공화국의 시민 의식이자 자부심이었다. 물론 이 조각상은 율리우스 2세를 감동시키기에 충분했다.

미켈란젤로는 율리우스 2세의 지원 아래 르네상스 시대 최고 걸작으로 여겨지는 시스티나 성당 천장화The Sistine Chapel Ceiling를 제작했다. 1508년 바티칸에 있는 시스티나 성당 천장화 제작을 의뢰받았을 때, 미켈란젤로는 프레스코fresco 기법을 사용한 경험이 많지 않아 처음에는 주저했다. 하지만 높은 천장에서 원근법을 표현하기가 쉽지 않았음에도, 시스티나 성당 천장화를 제작하는 데는 4년이 채 걸리지 않았다. 인간의 창조와 타락, 구원을 아우르는 과정을 300명이 넘는 인물들로 구현했다. 이 중에서 〈아담의 창조The Creation of Adam〉1511~1512는 가장 사랑받는 프레스코화다.

미켈란젤로는 1512년에 시스티나 성당의 천장화를 마무리한 뒤, 1534년 〈최후의 심판The Last Judgement〉1534~1541을 그리기 위해 시스티나 성당을 다시 찾았다. 그러나 1534년, 그를 적극적으로 지지했던 율리우스 2세는 더 이상 세상에 없었다. 당시는 클레멘스 7세Clemens Ⅶ 재위 1523~1534가

재위하던 시기였다. 교회의 부패와 교황의 권력욕을 비판하는 종교개혁의 바람이 불던 복잡한 시대였다.

미켈란젤로가 그린 〈최후의 심판〉은 인간의 욕망과 타락이 심판을 받는 처절한 장면을 연상시킨다. 화면의 윗부분에 있는 그리스도는 〈벨베데레의 아폴로Apollo Belvedere〉처럼 고전적이며, 근육 표현이 다소 과장되어 있다. 우리는 일찍이 수염이 없는 젊은 그리스도를 본 적이 없었다. 성인들은 그들이 순교한 방식으로 표현되었다. 피부가 벗겨지면서 순교한 바돌로매Bartholomew ?~?는 칼을 들고 미켈란젤로의 자화상이 그려진 가죽을 들고 있다. 한편 미켈란젤로가 누드로 표현했던 성인들은 종교개혁을 거치면서 옷을 살짝이라도 걸친 모습으로 다시 그려졌다.

미켈란젤로의 생애에서 율리우스 2세는 중요한 전환점을 마련해 준 인물이었다. 율리우스 2세는 많은 것을 계획대로 실현했지만, 1513년 세상을 떠난 뒤 교황의 무덤은 본래의 계획에 비해 아주 많이 축소되었다. 이때 미켈란젤로가 이 무덤을 설계했는데, 현재 로마 빈콜리Vincoli의 성 베드로San Pietro 성당에 있다. 그런데 율리우스 2세의 무덤에 조각해 놓은 〈모세Moses〉1513~1515를 뿔이 있는 사람의 모습으로 표현한 점이 독특하다. 한쪽에서는 4세기에 성 제롬St.Jerome 348~420이 성경을 라틴어로 번역할 때 "빛이 모세의 머리에서 나온다."라는 구절을 "뿔이 나온다."라고 잘못 번역하여 미켈란젤로가 뿔 달린 모세로 제작했다는 견해도 있다.

종교와 권력을 위해 예술가들에게 수많은 작품을 주문하고 후원했던 율리우스 2세. 이는 반대로 가톨릭 신자들이 가장 원했던 검소, 절제, 사랑, 믿음이라는 보이지 않는 가치들을 거스르는 것이기도 했다.

미술, 정치와 만나다

아주 오랜 옛날부터 미술은 '프로파간다propaganda', 즉 선전의 도구로 이용되어 왔다. 예를 들어 선사시대 미술을 대표하는 프랑스의 라스코Lascaux 동굴 벽화를 보면, 문자가 등장하기 전에 사람들은 어떻게 의사소통했는지 알 수 있다. 의사소통은 곧 누군가의 입장을 옹호하거나 대변하는 선전이 될 수 있다. 선사시대는 자연과의 싸움이 끊임없이 벌어지는 시대였다. 그 속에서 삶이란 생존과 직결된 문제였다. 이때 예술은 삶과 밀접한 일종의 제례ritual로 존재했는데, 이것은 공동의 믿음에 대한 선전이기도 했다.

역사가 기록되고 글쓰기가 가능해진 후에도, 이미지는 정치와 역사의 현장에서 중요한 선전물의 역할을 담당했다. 17세기 바로크 화가인 루벤스가 그린 〈마리 드 메디치의 생애La Vie de Marie dé Medici〉1621~1630 연작은 선전물로 활용된 예다. 이 연작은 루벤스가 1621년에 마리 드 메디치Marie dé Medici 1573~1642의 의뢰를 받아 1630년에 완성한 대형 기획물인데, 처음부터 정치적 의도로 제작되었다.

〈마리 드 메디치의 생애〉 연작은 전체 21점으로 이루어져 있다. 이 연작에는 특정 장면마다 프랑스의 정치와 역사를 상징하는 알레고리allegory가 등장하는데, 마리 드 메디치의 탄생과 성장, 프랑스 국왕과의 결혼 등이 연대기 순서로 전개된다. 연작 그림들은 난해하지 않다. 누구라도 쉽게 이해할 수 있을 정도로 자세하다. 예를 들면 네 번째 작품은 마리 드 메디치와 프랑스 왕 앙리 4세Henri Ⅳ 1553~1610가 어떻게 만났는지 보

페테르 파울 루벤스, 〈마리 드 메디치의 초상을 받는 앙리 4세Henri IV Receiving
the Portrait of Marie dé Medici〉, 1621~1630년, 394×295cm, 캔버스에 유채,
파리 루브르미술관.

여 준다. 큐피드와 혼례의 신인 히메나이오스가 마리 드 메디치의 초상화를 들고 신부를 소개하고 있다. 그리스 신화의 제우스와 헤라에 해당하는 주피터와 주노, 그리고 로마의 신들이 구름 위에서 이들의 만남을 축복하고 있다. 주피터를 상징하는 독수리가 그림 윗부분을 차지하고 있으며, 앙리 4세 옆에는 프랑스를 상징하는 여신이 왕을 보좌한다. 여신은 투구를 쓰고 프랑스 문장이 수놓인 옷을 입고 왕을 지지하는 몸짓을 취한다. 프랑스를 상징하는 여신은 남성적인 강인함과 여성적인 우아함을 동시에 보여 준다. 또한 여신과 앙리 4세를 친밀하게 표현함으로써, 프랑스 왕과 프랑스 정치권이 서로 긴밀하다는 점을 과시한다. 이것으로 앙리 4세가 마리 드 메디치의 초상화를 보고 한눈에 반했다는 내용을 쉽게 파악할 수 있다.

실제로 앙리 4세와 마리 드 메디치는 결혼하기까지 수많은 초상화를 교환했다. 앙리 4세가 마리 드 메디치의 초상화에 반한 것도 사실이지만, 실물을 보고 더 반할 정도로 마리 드 메디치의 미모는 뛰어났다고 한다. 이들의 결혼은 앙리 4세에게는 두 번째 결혼이었고, 순수한 사랑이라기보다 정치, 경제적인 계산이 깔린 정략결혼이었다. 이탈리아 토스카나 출신인 마리 드 메디치는 르네상스 시대 최고의 후원자들을 배출한 피렌체 메디치 가문의 딸이었다. 그녀는 엄청난 결혼 지참금을 가지고 프랑스 궁에 입성했다. 루벤스가 그린 연작에서 알 수 있듯이 마리 드 메디치는 1600년 10월 5일 프랑스의 앙리 4세와 결혼했다.

루벤스는 마리 드 메디치가 친정을 떠나 프랑스의 마르세유에 도착하는 장면도 그렸는데, 특히 화려하고 위풍당당한 마리 드 메디치의 모

페테르 파울 루벤스, 〈마르세유에 도착하는 마리 드 메디치The Arrival of Marie dé Medici at Marseilles〉, 1621~1630년, 394×295cm, 캔버스에 유채, 파리 루브르미술관.

습을 강조했다. 이것은 단순한 결혼 장면이 아니라, 장차 루이 13세의 어머니로서 어린 아들을 위해 헌신하는 국모로 마리 드 메디치를 표현한 것이다. 또한 마르세유에 도착해 만투아와 투스카니 공작부인들의 따뜻한 배웅을 받으며 배에서 내리는 미래의 여왕이기도 하다. 프랑스에 도착하자마자 마리 드 메디치를 환영하는 이들 역시 프랑스를 의인화한 여신들이다. 전경에 있는 바다의 신 넵투누스^{Neptunus} 그리고 바다의 요정 네레이스^{Nereids}와 반인반어^{半人半魚}의 해신^{海神}인 트리톤^{Triton}이 메디치 가문의 여인들을 안전하게 호위하여 도착했음을 보여 준다.

이와 같이 루벤스의 역사화는 바로크 회화 특유의 역동성과 에너지를 통해 화려한 이면에 감춰진 정치성을 함께 드러낸다. 앙리 4세는 마리 드 메디치와의 결혼 생활 중 1610년에 암살당했다. 그리고 암살 하루 전에 마리 드 메디치는 프랑스 여왕 대관식을 치렀다. 메디치는 이보다 더 극적이라고 할 수 없을 정도로 아슬아슬하게 여왕이 된 것이다. 여왕 주변에는 어느 누구 하나 믿을 사람이 없었다. 앙리 4세의 사치벽과 여성 편력에 시달렸던 왕비는 어린 루이 13세의 섭정 여왕이 되어 프랑스를 실질적으로 통치하려는 야심을 가지고 있었다. 그녀는 섭정을 하면서, 1615년 자신의 고향 피렌체의 피티 궁전^{Palazzo Pitti}과 비슷한 궁전을 파리에 만들라고 지시해 뤽상부르 궁^{Palais du Luxembourg}을 건립했다.

한편 루이 13세는 자신이 왕이 될 수 있는 충분한 나이가 되었음에도 여전히 섭정으로 프랑스를 통치하려는 어머니 마리 드 메디치를 경계하고 어머니를 권력에서 물러나게 하고 싶었다. 그는 1617년 어머니를 아주 잠시 유배하지만, 이후 여왕은 다시 파리로 돌아와 루벤스에게 21점

뤽상부르 궁(남쪽 면), 1645년.

의 대작을 의뢰하였다. 이것이 〈마리 드 메디치의 생애〉 연작이다. 이 연작의 마지막이라고 할 수 있는 〈진실의 승리The Triumph of Truth〉는 아들 루이 13세와 화해하며 평화를 기원하는 여왕의 염원을 담은 작품이다. 이 작품에서 루이 13세와 여왕은 평화의 여신인 콩코르디아Concordia 화환을 함께 들고 있다. 이는 평화를 의미하며 그들 아래에는 사투르누스Saturnus가 진리를 뜻하는 베리타스Veritas를 메디치와 루이 13세가 있는 하늘로 끌어올린다. 두 사람의 화해를 상징하는 것이다. 루이 13세가 왕임에도 불구하고 마리 드 메디치는 왕보다 더 비중 있고 권위 있게 표현되었으며 왕과 같은 높이에 수평으로 위치한다. 이는 마리 드 메디치가 적어도 루이 13세와 같은 위치에 있음을 강조한 것이다.

앞에서 살펴보았듯이 〈마리 드 메디치의 생애〉 연작은 다분히 정치적인 계산이 깔려 있는 선전 기획물이자 마리 드 메디치 자신의 입지를 다지기 위한 홍보물이었다. 사진이 없던 시절, 회화는 사진 이상으로 정교하고 치밀하게 특정인의 이미지를 홍보해 주었기 때문이다. 그런데 루벤스의 그림에서 빠진 부분도 있다. 정치적 욕심 이면에 숨겨진 왕비의 불행한 최후이다. 21점의 알레고리 역사화는 마리 드 메디치가 살았던 뤽상부르 궁의 실내를 장식하다가 지금은 루브르 미술관에 소장되어 있다.

기후가 그림을 결정한다?

르네상스는 '새로운 아테네'를 부흥하고자 하는 의지에서 발생한 예술
운동으로 이탈리아를 중심으로 진행되었다. 13세기 이탈리아 화가들은
회화뿐만 아니라 건축가로도 활동하였기 때문에 예배당 벽화도 많이
제작했다. 덕분에 오늘날까지도 예배당 프레스코화로 남아 있는
대가들의 유명한 작품들을 감상할 수 있다.

프레스코 기법은 먼저 거친 벽에 물기가 있는 회반죽을 바르고
굳기 전에 안료로 채색한다. 회반죽이 완전히 마르고 나면 벽은 돌처럼
단단해진다. 즉, 안료는 그저 벽면 위에 칠해지는 것이 아니라 벽의
일부로 흡수된다. 프레스코화는 한 번의 채색으로 완성되기 때문에
치밀한 계획과 대범함이 있어야 가능하다. 그리고 프레스코화는
성질상 습도의 변화에 큰 영향을 받기 때문에 오랫동안 보존이 어렵다.
이탈리아에 프레스코화가 많은 이유는 이탈리아 특유의 기후 때문이다.
르네상스 시대의 이탈리아 화가들 중 조토Giotto di Bondone 1266?~1337,
다빈치Leonardo da Vinci 1452~1519, 미켈란젤로, 라파엘로의 프레스코화를
대표적으로 꼽을 수 있다.

15세기 북유럽 네덜란드에서는 플랑드르 회화가 대두되면서 새로운
기법과 화풍을 표현하는 화가들이 등장하였다. 플랑드르 회화는 사실
그 자체를 시각적으로 표현하기 위해 한정된 공간 안에 정확한 형태의
물체를 세부 묘사하는 것을 목표로 한다. 따라서 관람자는 회화 속

물체의 크기, 색깔, 표면의 질감, 빛의 효과까지 알 수 있다. 이러한 회화를 표현하는 데 있어 프레스코 기법은 투박하고 수정할 수 없기 때문에 새로운 기법이 필요하게 되었다. 또한 프레스코 기법을 사용하기엔 네덜란드의 기후가 너무 춥고 건조했기 때문에 새로운 기법에 대한 갈망이 더욱 커졌다. 이때 탄생한 방법이 유화이다. 기름이 섞여 있는 안료를 사용하는 유화는 여러 번 색을 덧칠하여 완성하므로 회화의 완성도를 높이는 데 좋다. 대표적인 유화 작품으로는 얀 반 에이크의 〈아르놀피니의 결혼〉이 있다[137쪽]. 네덜란드에서 시작된 유화는 북유럽을 거쳐 15세기 말 이탈리아에서도 유행하여, 16세기 중반에 이르면 이탈리아의 유화 작품들이 등장한다.

미술과
동서 문화 교류

푸른빛, 세계를 유혹하다

1957년, 수나라581~618 시기로 추정되는 귀족의 무덤에서 아프가니스탄이
나 페르시아에서 제작된 것으로 보이는, 청금석靑金石, 진주, 금으로 장식한
목걸이가 발견되었다. 그 무덤의 주인공은 9살 여자 아이로 짐작되었다.
여기서 우리는 무엇을 알 수 있을까? 제대로 키워 보지도 못한 딸을 묻
으며 부모는 딸에게 무엇을 해주면 가장 좋을지 생각했을 것이다. 그리
고 부모는 그 시대에 가장 귀한 목걸이를 아이와 함께 묻었을 것이다. 라
피스 라줄리lapis lazuli라고도 불리는 청금석 목걸이는 중국이 중동 지역에
서 수입한 사치품 가운데 하나였다.

한편 중세 유럽의 필사본 그림에는 유독 짙은 푸른색이 많이 사용
되었다. 이 푸른색은 청금석이라는 광물에서 추출해 낸 청색 안료이다.
옛날에는 화가들이 식물이나 광물, 암석 등에서 추출한 안료를 사용했
다. 안료를 준비하는 과정은 많은 시간과 물리적인 노동을 필요로 한다.
그래서 그림을 그린다는 것은 상당한 노력이 필요한 힘든 작업이었다. 영
화 〈진주 귀걸이를 한 소녀Girl with a Pearl Earring〉2003에는 요하네스 페르메이르
Johannes Vermeer 1632~1675가 그림을 그리기 위해 안료를 준비하는 과정을 꼼
꼼하게 묘사한 장면을 볼 수 있다.

그런데 정작 청금석은 중국이나 유럽이 아닌, 아프가니스탄 지역에
서 많이 발견된다. 이 재료가 실크로드를 따라 중국으로, 그리고 유럽으
로 전파되었던 것은 아닐까. 실크로드는 육로만 있었던 것이 아니라 뱃길
을 통해서도 형성되었기 때문에 우리가 생각하는 것보다 훨씬 더 많은

수나라, 리징쉰李靜訓 묘 부장품,
진주, 청금석, 금으로 만든 목걸이,
베이징, 중국 국가박물관.

물질문화의 교류가 이루어졌을 것이다. 따라서 아프가니스탄에서 캐낸 청금석이 해외로 수출이 되기도 하고 청금석으로 만든 장식물이나 유리 제품 등이 실크로드를 따라 다른 곳으로 옮겨지기도 했던 것이다. 말하자면 청금석 하나만으로 동양과 서양이 어떻게 교역했는지 알 수 있다.

라틴어로 라피스lapis는 '돌stone'을 의미하고, 라줄리lazuli는 '아라비아의 밤하늘청색'을 의미한다. 진한 청색을 내는 청금석 안료는 유럽인들에 의해 '울트라마린ultramarine, 群靑'으로 알려져 있다. 이 안료는 화학 청색 물감이 상용화되는 19세기 중반까지 최고급 사치품에 버금가는 값비싼 재료였다. 청금석은 중세와 르네상스 시기에 성모마리아의 푸른색 드레스를 표현하는 데 많이 사용되었고, 티치아노Vecellio Tiziano 1488?~1576가 그린 작품에서 자주 볼 수 있다.

청금석이 사용된 장신구는 중국 당나라 시대의 무덤에서 대거 출토되었다. 당나라는 로마제국에 뒤지지 않을 만큼 개방적인 문화를 가지고 있었으며, 수도 장안은 서역인들이 들끓었던 국제도시였다. 여기서는 중앙아시아 소그디아나Sogdiana에서 온 상인들이 유럽에서 가져온 물건을 팔았다. 상업적인 수완이 좋기로 유명했던 그들은 중국이나 인도에서 가져간 물건들을 유럽에 팔면서 동서양의 다리 역할을 했다. 당시 당나라 장안에는 귀족들이 장례 때 '당삼채唐三彩'라는 도기를 무덤에 함께 넣는 풍습이 있었다. 당삼채는 중국 당나라 때 유행하던 채색 도기인데, 당삼채를 비롯한 다양한 도자에는 외국 상인들의 모습, 외국에서 온 춤추는 사람이나 악기를 다루는 사람 등이 표현되어 있다.

청금석이 이동한 실크로드의 흔적은 우리나라 신라 시대의 유물에서도 발견할 수 있다. 경주 황남대총에서 출토된 청금석 금제 팔찌가 그

셈족 상인 채색 도용Painted Pottery Figure of a Semitic Merchant, 당대, 32cm.

예이다. 신라와 실크로드의 연관성은 같은 황남대총에서 출토된 다양한 유리잔에서도 엿보인다. 유리의 성분을 조사하면 어느 지역에서 제작된 것인지 알 수 있는데, 시리아 지역에서 제작된 유리일 가능성이 높다. 유리와 거울은 귀족들의 사치품이었다는 점을 생각하면 이 또한 당시에는 최고급 수입품이었을 것이다. 이 역시 우리나라 귀족들을 위해서 상인들이 실크로드를 통해 가져온 상품이었음을 짐작할 수 있다.

그럼 실크로드의 끝은 어디였을까? 로마와 중앙아시아를 잇는 실크로드는 중국으

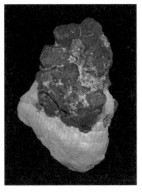

왼쪽 청금석 원석.
오른쪽 경주 황남대총 북분 출토, 〈금제 팔찌〉, 지름 7~7.5cm, 보물 623호, 국립중앙박물관.

로 이어지고 한국으로도 확장되었기 때문에 이런 질문을 던져 볼 수 있다. 실크로드의 끝자락에서 우리나라 상인들은 일본에 사치품이나 진기한 물건들을 팔지 않았을까? 일본의 유물들은 보존 상태가 비교적 좋기 때문에 더욱 많은 증거를 발견할 수 있다. 일본 나라 시 도다이지東大寺 대불전의 북서쪽에 위치한 창고 쇼소인正倉院은 실크로드의 결정판이라고 할 수 있다. 쇼소인에는 나라 시대 고묘光明 황후가 남편인 쇼무聖武 천황이 죽은 이후 그가 소장하던 유품을 봉헌했다는 기록이 있다. 이곳에 당삼채는 물론이고 페르시아나 서역, 우리나라 삼국시대의 공예품들과 유리, 비파악기, 금은색의 화려한 그릇과 가면, 책 등과 같은 진귀한 물건들이 최고의 상태로 남아 있다. 또한 일본은 페르시아 양탄자를 가장 많이 보유한 국가 중에 하나이기도 하다.

거의 천 년 동안 사람들은 실크로드를 통해 동양과 서양으로 이동하였고 지금 우리가 상상하는 것 이상으로 상업을 발전시키며 문화를 가꿔 왔다. 교역을 통해 예술이 세상을 변화시킨 것이다.

푸른 눈의 중국 궁정화가, 카스틸리오네

과거 동양과 서양의 문화 교류는 오늘날처럼 쉽지 않았다. 서로 다른 나라의 사람들이 인터넷과 SNS를 통해 쉽게 정보를 교환하는 오늘날과 달리, 유럽과 동양은 지리적으로 멀 뿐 아니라 종교관이나 가치관이 전혀 달랐기 때문이다.

그러나 17세기와 18세기를 거치면서 중국 문화는 서구에 서서히 알려지기 시작했다. 그 중심에 카스틸리오네Giuseppe Castiglione 1688~1766가 있었다. 그는 중국과 유럽의 문화를 잇는 고리 역할을 한 사람으로서, 중국 청나라의 궁정화가로 이름을 떨친 인물이다. 카스틸리오네는 청나라에서 50년간 살면서 중국 사람보다 더욱 활발하게 중국 문화를 흡수했고, 강희제康熙帝 재위 1661~1722, 옹정제雍正帝 재위 1722~1735, 건륭제乾隆帝 재위 1735~1796, 세 명의 황제를 섬겼다.

중국 이름 낭세녕郎世寧, Lang Shining, 카스틸리오네는 어떻게 중국에 가게 되었을까? 카스틸리오네는 본래 예수회Society of Jesus에 들어가 벽화 기법을 배운 사람이다. 예수회는 가톨릭이 점차 부패해 가던 종교개혁 시기에 스페인의 이그나티우스 데 로욜라Ignatius de Loyola가 설립한 가톨릭 단체였다. 예수회는 전 세계에 가톨릭의 복음을 전파하기 위해 기존의 방식과는 전혀 다른 전략을 구사했다. 그들은 교육과 예술, 문화 전파에 집중함으로써, 각기 다른 문화나 종교를 가지고 있던 아시아, 아프리카, 남아메리카 등에 호소력 있게 파고들었다.

예를 들어 예수회는 중국이나 아프리카에 직접 가서 복음을 전파하면서도 유일신인 하느님을 고집하지 않았다. 전도하고자 하는 나라에 토착 종교가 있을 경우, 그곳의 전통을 존중하면서 서구의 문화와 예술을 소개했다. 그들이 가장 주력한 분야는 교육과 예술이었다. 오늘날에도 '로욜라'라는 이름이 들어간 학교 재단이나 단체들은 대부분 예수회의 정신을 바탕으로 설립된 것이다. 그들이 내세운 것은 사회정의였고, 문화와 예술, 과학을 통한 혁신이었다. 이렇게 예수회는 종교를 앞세우지 않았기 때문에, 중국인들도 이들을 큰 거부감 없이 받아들일 수 있었다.

1688년 이탈리아 밀라노 태생의 카스틸리오네는 중국에 오기 전에 카를로 코르나라Carlo Cornara 1605~1673 밑에서 그림을 공부했다. 그는 1709년에 예수회에 들어갔지만, 신부가 되지는 않았다. 당시 중국과는 이미 예수회를 통해 문화와 예술을 교류하던 시기였으므로 카스틸리오네가 중국을 방문하는 것은 그다지 어려운 일이 아니었다. 중국에 가기 전에 그는 프란시스코 드 보르자St. Francio de Borgia 성당을 장식하는 일을 맡을 정도로 화가로서 경험을 쌓았기 때문에, 1715년 예수회 선교사 신분으로 중국에 가서도 그림을 그릴 수 있었다. 이후 그는 건륭제의 사랑을 받으면서 중국의 궁정화가들이 구사할 수 없었던 원근법과 명암법을 기술적으로 선보였다. 당시 유럽에는 중국풍이 유행했지만, 중국에서도 유럽풍의 기술과 중국화의 주제가 서로 뒤섞이게 된 것이다.

주세페 카스틸리오네, 〈건륭제 The Qianlong Emperor in Court Dress〉, 1736년,
239×179cm, 비단에 채색, 베이징 고궁박물원.

주세페 카스틸리오네, 〈대열개갑기마상(大閱鎧甲騎馬像)The Qianlong Emperor in Ceremonial Armour on Horseback〉, 1758년, 322.5×232cm, 비단에 채색, 베이징 고궁박물원.

주세페 카스틸리오네, 〈숭헌영지도(嵩獻英芝圖)The Pine, Hawk and Glossy Ganoderma〉, 1735년, 242.3×157.1cm, 비단에 채색, 베이징 고궁박물원.

카스틸리오네는 중국에 와서 처음으로 비단에 먹으로 그림을 그리게 되었다. 그런데 이제까지 유화를 그려 왔던 그에게 동양화는 익숙하지 않았다. 선이 제대로 그려지지 않았고 실수를 해서 덧칠을 하면 얇은 종이나 비단이 먹물을 흡수해서 그림에 보기 싫은 자국이 생겼다. 그는 종이에 드로잉을 먼저 한 다음에, 이를 비단에 다시 도안해서 실수를 최소화하려고 노력했다. 그리고 자신만의 기법을 개발해서 다른 중국인 궁정화가들이 쉽게 모방할 수 없는 그림을 그려 냈다.

그가 그린 풍경화 〈숭헌영지도〉1735를 살펴보면 동서양의 미술이 오묘하게 혼합되어 있음을 알 수 있다. 오른쪽의 소나무와 물결은 서양화의 명암기법인 키아로스쿠로chiaroscuro 기법을 바탕으로 그려졌다. 서양식 원근법을 구사하여 거리감을 표현하고 있지만, 전반적인 느낌은 동양의 채색 수묵화에 가깝다. 카스틸리오네는 르네상스 회화에서 강조한 원근법, 이탈리아 바로크 예술의 특징인 키아로스쿠로 기법과 빛을 특징적으로 보여 주었고 중국에서 궁정화가로 일하게 되었다. 그리고 그가 제작한 청나라 황제의 초상화는 많은 인기를 누렸다.

그런데 카스틸리오네와 같은 예수회 회원들이 중국 청나라 황제들의 보호를 받을 수 있었던 데에는 또 다른 정치적인 이유가 있었다. 청나라는 중국의 한족이 세운 명나라를 멸망시키고 만주인, 즉 오랑캐들이 세운 나라였다. 한족과 달리 유목민으로 정처 없이 떠돌아다녔던 만주족에게는 특별히 내세울 문화가 없었다. 그리하여 프랑스 루이 14세Louis XIV 1638~1715가 여섯 명의 프랑스 예수회 사제로 구성한 '왕립 수학자'들을 중국에 파견했다는 기록이 있을 정도로, 17세기 말부터 프랑스와 중국

프랑수아 부셰, 〈몸단장The Toilette〉, 1742년, 52.5×66.5cm, 캔버스에 유채,
마드리드 티센보르네미사미술관.

은 일찍이 문화 교류를 시작한 것이다.

이러한 문화 교류의 역사는 18세기가 되면서 프랑스를 비롯한 유럽 각국에 '시누아즈리chinoiserie'라 불리는 중국풍을 유행시키는 계기가 되었다. 바로크 예술의 대표 작가인 프랑수아 부셰François Boucher 1703~1770는 프랑스 예술에 중국풍 장식 미술을 접목시켰다. 한편 예수회는 문화, 예술, 교육에 크게 기여했지만, 결국 종교를 위해 예술과 문화를 이용했다는 비판을 받기도 했다. 그렇지만 청나라와 유럽 간의 문화 교류가 없었다면, 17세기와 18세기에 동서양 문화 예술의 혁신과 발전은 이루어지지 못했을 것이다.

파격으로 사로잡다, 자포니즘

반 고흐Vincent van Gogh 1853~1890가 1887년에 완성한 〈탕귀 영감Portrait of Père Tanguy〉1887을 보자. '탕귀 영감'으로 불리던 탕귀Julien François Tanguy는 파리에서 화방을 운영하며 작품을 전시하고 가난한 작가들을 후원하기도 한 인물이다. 그런데 그림 속 탕귀의 자세는 언뜻 보기에도 부자연스럽다. 양손을 모으고 사진을 찍는 모습처럼 정면을 향하고 있다. 더욱 이상한 것은 인물 뒤에 펼쳐진 배경이다. 윗부분에는 사각형의 테두리 안에 산이 그려져 있고, 팔 주변에는 기모노를 입은 일본 기생이 그려져 있다. 도대체 이것들은 무엇이며, 프랑스 사람인 탕귀는 왜 일본 그림 앞에서 자세를 취하고 있는 것일까?

배경에 있는 것들은 일본의 다색판화인 우키요에浮世繪이다. 일본에서 우키요에 판화는 전통 동양화나 일본화日本画nihonga에 비해 예술성이나 가격 면에서 상당히 낮게 평가되었다. 왜냐하면 일본의 상류층 귀족들은 문인화풍의 수묵화를 격조 높은 예술로 인정했기 때문이다. 또한 회화는 단 한 점만 세상에 존재하는 데 비해, 일본 상인들이 좋아했던 판화는 같은 그림을 무제한으로 찍어 낼 수 있기 때문에 저렴한 가격에 팔렸다.

그렇다면 일본에서는 높게 평가받지 못하던 우키요에가 어떻게 프랑스에서 대단한 인기를 누린 것일까? 일본은 우리나라에 비해 유럽과의 수교를 빨리 이루었다. 1860년대부터 일본은 프랑스와 수교하면서 일본의 상품들을 대대적으로 유럽에 수출하기 시작했다. 그 속에는 일본의 도자들이 포함되었는데, 이러한 도자 상품을 포장한 포장지가 바로 우키요에 판화였다. 일본인들은 값싼 판화를 포장지로 이용했는데, 이 포장지가 호기심 많은 프랑스 미술가들에게 선풍적인 인기몰이를 한 것이다. 말하자면 전통 동양화를 좋아하던 일본의 상류층과 달리, 우키요에 판화의 간결함과 단순성을 우수하게 생각한 일본의 상인계층 덕분에 우키요에를 프랑스에 선보일 수 있게 된 것이다.

탕귀의 화방에서는 물감과 미술재료도 팔았지만, 일본 도자를 비롯해 일본풍의 소품들, 그리고 우키요에 판화도 판매하기 시작했다. 우키요에에 매료된 이들은 빈센트 반 고흐를 비롯해, 에두아르 마네Édouard Manet 1832~1883, 클로드 모네Claude Monet 1840~1926, 폴 고갱Paul Gauguin 1848~1903 같은 화가들이었다. 유럽 화가들은 우키요에를 그대로 모방해 그렸는데, 반 고흐 역시 우키요에를 모방하여 그리곤 했다. 반 고흐는 특히 일본 판화가

빈센트 반 고흐, 〈탕귀 영감Portrait of PèreTanguy〉, 1887년, 65×51cm,
캔버스에 유채, 파리 로댕미술관.

우타가와 히로시게, 〈가메이도 매화 정원(龜戸梅屋敷)Plum Park in Kameido〉,
1857년, 33.7×21.9cm, 판화, 뉴욕 브루클린미술관.

빈센트 반 고흐, 〈꽃 피는 매화나무(히로시게를 따라서)Flowering Plum Tree(after Hiroshige)〉,
1887년, 55×46cm, 캔버스에 유채, 암스테르담 반고흐미술관.

히로시게의 작품을 좋아해서 실제로 히로시게의 판화에 나오는 매화나
무와 한자를 모방하여 그림을 그리곤 했다.

　　일찍이 동양의 문화가 이렇게까지 혁신적인 미술가들을 사로잡은
적은 파리에서 없었다. 그런데 왜 일본에서는 별로 인기가 없던 우키요

에 판화가 유럽 화가들에게는 대단한 평가를 받은 것일까? 1860년대와 1870년대 프랑스에서 인기 있는 그림들은 지금 우리가 높게 평가하는 인상주의 회화가 아니었다. 당시 높게 평가되던 그림은 사물을 사실적으로 묘사하는 그림이었다. 그 기준에서 반 고흐의 〈탕귀 영감〉을 살펴보면, 이 작품은 정말 못 그린 그림이고 우수하다고 말할 수 없는 그림이었다.

유럽의 혁신적인 화가들, 즉 아방가르드 예술가들이 우키요에에 열광한 이유는 첫째, 파격적인 구도 때문이었다. 히로시게의 판화를 보면, 대각선 구도로 시원하게 화면을 가로지르는 매화나무를 볼 수 있다. 대각선 구도는 사각형의 공간에 역동성을 부여한다. 수평선이나 지평선에 비해 대각선은 화면에 긴장감을 부여하기도 한다. 그것이 전부였을까? 아니다. 둘째, 유럽 화가들은 전경, 중경, 원경과 같은 순차적인 깊이를 보여 주는 서구의 원근법과는 달리 앞에 있는 전경과 뒤에 있는 원경이 아주 파격적으로 배치되어 있는 우키요에의 공간감 표현에 매력을 느꼈다. 그것은 유럽 회화에서 그동안 보아 왔던 깊이감과는 전혀 다른 구성이었다. 특히 판화이기 때문에 그림이 더욱 평면적으로 보인다는 것이 또 다른 매력이었다.

모네는 부인에게 일본의 전통 의상인 기모노를 입히고 그림을 그렸다. 마네는 〈에밀 졸라Portrait of Émile Zola〉1868에서 벽에 걸려 있는 일본 판화를 그렸다. 그들은 우키요에를 시작으로 일본풍에 빠져들었다. 일본의 소품을 수집하거나 이를 작품의 소재로 활용하는 분위기가 퍼져 나갔다. 프랑스에서는 일본을 자퐁Japon이라고 부르는데, 자포니즘Japonisme은 19세기 프랑스에서 크게 유행한 일본풍, 일본 유행을 의미한다. 자포니즘은 다른

클로드 모네, 〈기모노를 입은 모네 부인Madame Monet in Kimono〉, 1876년,
231.8×142.3cm, 캔버스에 유채, 보스턴미술관.

에두아르 마네, 〈에밀 졸라Portrait of Emile Zola〉, 1868년, 146.5×114cm, 캔버스에 유채,
파리 오르세미술관.

나라의 문화에 대한 존경이었다. 물론 여기에는 위험한 요소도 있었다. 일본에 직접 가본 적 없는 그들에게 일본은 서구에서는 발견할 수 없는 동경과 낭만의 땅으로 왜곡된 면이 있었던 것이다. 하지만 유럽 화가들이 우키요에의 파격적인 구도와 평면적인 특성을 발견하지 못했다면 20세기 서구의 추상 회화는 지금과는 또 다른 방향으로 흘러갔을 것이다.

푸른 눈에 비친 대한제국

휴버트 보스.

1890년대는 외국에 문호를 개방한 지 얼마 안 된 시기였지만, 여러 외국인 화가가 한국을 방문했다. 그들은 많은 작품을 남겼고 우리는 작품들을 통해 외국인이 바라본 조선의 모습을 알 수 있다. 당시 활동한 외국인 화가 중에서 눈여겨볼 인물은 1899년에 한국을 방문했던 네덜란드계 미국 화가 휴버트

보스Hubert Vos 1855~1935이다. 그는 파리의 에콜 드 보자르École des Beaux-Arts 에서 스승의 영향으로 동양에 대하여 많은 관심을 갖게 되었다고 한다. 보스는 동남아시아를 여행하던 중 한국을 방문했고, 그의 서양식 유화 기술은 조선 왕조와 양반들의 호기심을 자극하였다. 특히 민상호의 초상화를 그린 후, 민상호의 추천으로 보스는 고종 황제와 왕세자의 초상화를 그리게 되었다. 〈고종 황제의 초상〉1899은 서양식 군복 차림의 고종 황제가 아닌 황금 곤룡포를 입은 전신상이다. 당시 고종 황제의 허락을 얻어 1898년에 그렸던 초상을 바탕으로 숙소에서 그린 후 미국으로 가져간 작품이다. 이 작품은 1900년 파리 만국박람회 때 미국관에서 전시되었다. 그 후 보스는 미국 시카고에서 활동하다가 1905년 중국의 초청으로 서태후의 초상화를 그리는 등 동아시아와의

연결 고리를 계속 이어 갔다.

1982년 국립현대미술관 덕수궁관 전시에서는 휴버트 보스가 제작한 〈고종 황제의 초상〉[1898], 〈민상호의 초상〉[1898], 〈서울 풍경〉[1898]이 전시된 바 있다. 이후 〈서울 풍경〉은 2015년 7월 국립중앙박물관이 기획한 《대한제국, 근대국가를 꿈꾸다》에 전시되었다.

〈고종 황제의 초상〉.　　〈민상호의 초상〉.

〈서울 풍경〉.

미술과
테크놀로지

18세기 영국에서 시작된 산업혁명은 인간의 삶을 완전히 바꾸어 놓았다. 공장이 들어서면서 대량생산이 가능해지고 표준화된 기기 부품이 유통되기 시작했다. 도시를 중심으로 공장이 가동되면서 노동자들은 실외가 아닌 실내에서 장시간 일을 하게 되었다. 반면 산업혁명 이전에는 백옥 같은 피부를 유지하기 위해 온갖 노력을 다했던 귀족들은 이제 야외에서 시간을 보내는 '레저' 문화를 탄생시킨다. 공장에서 생산된 금속 재료들이 철로와 도로 정비 등 도시의 기반 시설을 만드는 데 활용되면서 사회, 정치, 문화도 같이 변화하였다. 산업혁명으로 인한 새로운 기술은 인간이 해오던 노동의 종류를 완전히 변화시켰으므로, 인류 역사상 가장 혁신적인 변화를 일으켰다고 볼 수 있다. 그런데 이러한 산업혁명보다 더 혁명적으로 인간의 삶을 변화시킨 사건이 있었다. 그것은 1450년 구텐베르크의 활판 인쇄술 발명이다.

고대 그리스어 '테크네techne'는 공예, 기교, 예술, 기술의 어원이 되는 단어다. 영어 '아트art'가 예술과 기술의 두 가지 의미를 가진 것과 비슷하다. 예술의 역사는 기술과 떼려야 뗄 수 없는 물질문화의 역사이기도 하다. 예를 들면 화가도 기술과 기교를 사용하지 않으면 그림을 완성할 수 없다. 르네상스 시대 '원근법'이 발견되었을 때 화가들은 어떻게 하면 이 세상을 원근법으로 바라볼 수 있을지 연구하고 이를 위한 여러 가지 방식과 도구들을 고안하였다. 원근법을 사용하여 그린 그림이 이 세상을 가장 잘 표현하는 방식이라고 믿었던 것이다. 그래서 화가들은 격자무늬

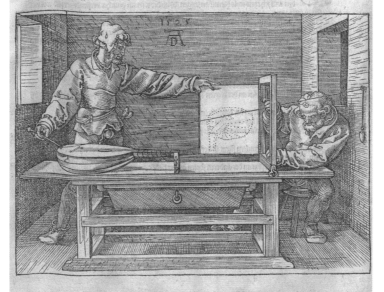

알브레히트 뒤러, 《측정을 위한 지침Underweysung der Messung》, 1525년, 뉘른베르크 출판.

모양의 도구를 이용하여 사람들이 세상을 보는 것처럼 자연을 평면에 그려 나갔다.

구텐베르크Johannes Gutenberg 1398~1468년경의 활판 인쇄술도 이탈리아의 원근법 발견 이상의 파급력을 끼치는 사건이었다. 구텐베르크는 가동활자 movable type 방식을 발명하여 《구텐베르크 성서》를 활판 인쇄술로 제작하였다. 가동활자를 이용한 활판 인쇄술이 왜 혁신적이라는 것일까?

가동활자 이전에는 모든 책을 손으로 제작하였다. 그림과 알파벳 하나하나를 손으로 써 내려간 중세 필사본을 상상하면 된다. 손으로 써 내려갔으니 인간인 이상, 크고 작은 실수를 할 수밖에 없다. 손으로 직접 쓰는 것이므로 글씨가 어느 순간 삐뚤삐뚤해지게 된다. 최고의 능력을 가진 사람이 그림을 그리고, 글씨를 써도 자간, 행간, 문단의 여백 등이 오늘날 컴퓨터를 사용하는 것처럼 반듯할 수 없는 것이다.

그런데 가동활자는 라틴어, 프랑스어, 독일어, 영어 등 유럽 언어를 인쇄할 경우에 제작이 상당히 용이하다. 알파벳에 해당하는 타이포를 하나씩 만들어 단어에 맞게 배치하면 되기 때문이다. 당시 중세인들은 구텐베르크의 활판 인쇄술로 제작된 《구텐베르크 성서》를 보고, 인간이 만들었다는 것을 믿지 못했다. 이 성경책은 완벽 그 자체였기 때문이다.

1450년에 출간된 《구텐베르크 성서》는 42행의 성서 형식을 갖추고 있는 활판 인쇄본이다. 42줄이 반듯하게 컴퓨터로 인쇄한 것처럼 제작되었다. 구텐베르크의 발명은 오늘날 타자기나 컴퓨터의 발명 이상으로 중요한 의미가 있었다. 이는 인간이 테크놀로지를 이용하여 인간의 생각하는 방식을 바꾼 것이기 때문이다. 구텐베르크의 발명은 출판 및 인쇄 문

뉴욕 공립도서관에 소장된 《구텐베르크 성서Gutenberg Bible》.

화에 엄청난 영향을 미쳤다. 소수의 사람들만 독점하던 책이 대중화될 수 있는 계기가 되었다. 손으로 직접 써 내려가던 방식에 비해, 빠르고 값싸게 인쇄할 수 있게 되었기 때문이다. 이것은 당시 사람들에게 혁신을 넘어 충격으로 받아들여졌다.

《구텐베르크 성서》와 같이 가동활자 방식으로 인쇄한 출판물을 '인큐내뷸러Incunabula'라고 부르는데, 인큐내뷸러는 '요람'을 의미한다. 인큐내뷸러는 16세기 이전에 나온 소책자, 판화, 책 등과 같은 출판물들이다. 세계 유수의 도서관들은 희귀본으로 존재하는 인큐내뷸러 출판물을 소장하고 있다. 인큐내뷸러는 라틴어뿐 아니라 15개의 언어로 된 자료들이 존재한다.

구텐베르크의 혁신은 독일을 넘어 유럽 각국에 엄청난 영향력을 미쳤음을 증명한다. 인쇄술의 발달은 곧 새로운 문화의 태동으로 이어졌다. 구텐베르크의 인쇄술이 없었다면 북유럽을 중심으로 신교가 확산될 수 없었을 것이다. 성경이 대량으로 보급되면서 가톨릭 내부의 부패와 종교 개혁의 필요성을 강력하게 제기할 수 있었고, 이러한 상황에서 마르틴 루터Martin Luther 1483~1546가 작성한 95개 조항 반박문은 순식간에 유럽 전역에 전파되어 종교개혁을 촉발시켰다. 그리하여 마침내 신교가 탄생할 수 있게 된 것이다.

마르틴 루터의 반박문은 2년 동안 독일과 유럽 전역에 총 30만 부가 인쇄되고 유포되었다.《구텐베르크 성서》는 기술의 혁신이자 종교, 정치, 문화의 기득권을 공격하는 혁명이기도 했다. 활판 인쇄술의 발달은 그리스, 로마의 고전들이 다시 인쇄되어 읽히게 했고, 소책자이나 신문과 같은 대중매체가 발전하는 데 기폭제 역할을 했다. 인류의 역사는 특정 집단에 의한 지식의 독점에서 벗어나 정보의 대중화로 큰 변화를 겪게 되었다. 인쇄 문화의 발전은 사람들이 생각하는 방식과 태도를 바꾸었다.

카메라의 시선으로 세상을 보다

제욱시스Zeuxis와 파라시오스Parrhasios가 있었다. 두 사람은 누가 더 그림을 잘 그리는지 내기를 했다. 먼저 제욱시스는 포도 그림을 그렸는데, 새가 그림을 실제 포도로 착각하고 먹으려다가 그림에 부딪혔다. 이를 보고

Arthur Kampf

Der Thesenanschlag zu Wittenberg 1517

A. 캄프, 〈1517년 비텐베르크 교회에 붙여진 마르틴 루터의 95개조 반박문〉.

제욱시스는 자신의 승리를 장담했다. 그러나 곧 제욱시스는 파라시오스가 그린 커튼이 진짜인 줄 알고 이를 젖혀 보려다가 자신의 패배를 인정했다는 이야기가 있다.

고대 플라톤 시대부터 예술은 이 세상을 모방하는 도구로 이해되어 왔다. 미술가는 눈으로 본 사물을 있는 그대로 그려 냄으로써, 세상을 최대한 사실적으로 그려야 한다고 생각했다. 이것은 1800년까지 서구 미술에서 변하지 않는 예술적 가치였다. 그리고 이를 위해서는 그려진 그림이 실제처럼 보이게 하는 '일루전illusion, 환영'을 얼마나 잘 구현하는가가 중요했다.

그러던 중 1839년에 카메라가 등장한다. 그런데 카메라의 렌즈는 인간의 눈보다 더욱 정확하게 사물을 사실적으로 포착하는 것이 아닌가! 카메라의 발명으로 '미메시스mimesis, 모방'를 추구하던 서양 미술의 방향이 비로소 조금씩 바뀌기 시작했다. 더욱이 "화가들이여! 이제 너희의 직업은 여기서 끝났다."라고 외치는 듯이 사진은 모든 예술을 잠식할 것처럼 위협적으로 보였다.

1840년대에 카메라와 튜브형 물감이 보급되지 않았다면 인상주의 미술이 태어날 수 있었을까? 카메라는 예술가들에게 동시대를 반영하는 최고의 기술이었다. 또한 쉽게 짜서 사용할 수 있는 물감은 화가들에게 이젤을 들고 아틀리에 밖으로 나가 야외 풍경화를 그릴 수 있게 하였다. 인상주의 화가들은 1850년대를 풍미하던 물질문화의 발전과 소비성향을 자신들의 미학에 걸맞게 사용할 줄 아는 혁신자들이었다.

인상주의 화가 마네, 모네, 드가Edgar Degas 1834~1917, 피사로Camille Pissaro

제욱시스와 파라시오스의 대결.

1830~1903, 르누아르Auguste Renoir 1841~1919 등은 이미 카메라를 그림을 그릴 때 필요한 보조 수단으로 생각하였다. 드가는 1895년에 카메라를 구입해서 목욕하는 여자들이 취하는 어려운 자세를 사진으로 찍었고, 발레리나들의 모습도 사진으로 포착해 그림을 그릴 때 사용했다. 인상주의 화가들 가운데 상대적으로 덜 알려진 인물로 귀스타브 카유보트Gustave Caillebotte 1848~1894가 있다. 그는 카메라로 찍었을 때 나오는 구도를 무척 사랑했다. 마네와 마찬가지로 카유보트도 근대 파리의 거리를 누비는 남성들을 다뤘지만, 그는 독특하게도 일자리를 잃고 소외된 사람들과 같은 다양한 주제를 다뤘다.

카유보트는 마네와 모네처럼 처음부터 그림을 그렸던 인물은 아니었다. 본래는 법학을 공부하다가 아주 나중에야 그림을 그리면서 인상주의자들을 만나게 되었다. 카유보트는 카페 게르부아Café Guerbois에서 인상주의 화가들과 교류하며 그들의 화풍을 배웠다. 재정적으로 상당히 유복했던 그는 모네, 피사로, 르누아르 등이 그린 인상주의 회화를 64점이나 구입하기도 했는데, 그가 구입한 대부분의 인상주의 회화는 파리에 남게 되었다. 하지만 1894년 뇌졸중으로 카유보트가 사망한 이후 정작 자신의 작품은 파리에서 제대로 대접을 받지 못하고 해외로 반출되는 상황이 벌어졌다. 그는 작품을 거의 팔지 않았기 때문에 화상들을 통해 갤러리에서 거래되지도 않았다. 1960년대 이후가 되어서야 그의 작업은 제대로 평가를 받기 시작했다. 현재 카유보트의 걸작들은 시카고 미술관Art Institute of Chicago에 많이 소장되어 있다.

카메라를 이용하여 만들어 낸 회화적 구도, 그리고 근대 산업사회

귀스타브 카유보트, 〈창가에 있는 젊은 남자Young Man at His Window〉,
1875년, 117×82cm, 캔버스에 유채, 개인 소장.

귀스타브 카유보트,
〈유럽의 다리〉, 1876년,
125×181cm,
캔버스에 유채,
제네바 프티팔레미술관.

귀스타브 카유보트, 〈파리의 거리, 비오는 날〉,
1877년, 212.2×276.2cm, 캔버스에 유채,
시카고미술관.

를 바라보는 화가의 따뜻한 눈이 더해진 그림들은 카유보트만의 화풍을 형성한다. 그중 최고의 걸작은 근대 도시의 모습을 사진적인 구도로 묘사한 〈유럽의 다리Le pont de l'Europe〉1876, 〈파리의 거리, 비오는 날Paris Street, Rainy Day〉1877이다. 인상주의 회화는 전형적으로 형태가 사라지고, 붓 터치가 파편화된 특징을 보여 주지만, 카유보트의 작품은 인상주의적인 붓 터치와는 거리가 멀다. 그렇지만 시시각각으로 변화하는 날씨 속에서 모네가 루앙 성당과 건초더미 등을 쉴 새 없이 그린 것처럼, 카유보트도 비오는 날 파리의 풍경을 그려 냈다. 앞에 있는 인물들은 카메라 클로즈업에 의해 확대된 것처럼 전경에서 우리를 대면한다. 발코니에 서 있는 남자들은 건물 아래에 있는 낯선 사람들을 구경하고 있다. 유럽의 다리에서 아래를 바라보는 인물들은 현대인에게 익숙한 소외감을 느끼게 한다. 그 어떤 인상주의 화가도 카유보트만큼 근대 도시 파리에서 느낄 수 있는 소외감을 솔직하게 표현한 이는 없었다. 보수적인 살롱전에 수없이 낙선하면서도 계속해서 작품을 출품한 마네도, 시시각각 변화하는 빛을 색채로 포착한 모네도, 카유보트가 표현한 근대인의 고독을 그려 내지 못했다.

검정색 옷을 입고 활보하는 파리 사람들은 얼음 속에 얼어 버린 익명의 군중이며, 끈끈한 인간관계를 느낄 수 없는 낯선 이방인들이다. 그의 작품에 인물과 인물이 서로 따뜻한 시선을 교환하는 모습은 거의 존재하지 않는다. 같은 공간에 거주하지만, 각자 볼일을 향해서 바삐 걸음을 옮기는 근대인들이다. 또한 맥주를 마시면서 파티와 댄스를 즐기는 모습들도 사라져 버렸다. 파티는 끝났으며, 사람들은 각자 어디론가 바쁘게 향하고 있다. 직장을 잃은 이는 다리 위에서 화려한 파리를 바라보는 뒷

모습을 남길 뿐이다. 근대의 파리가 에펠탑처럼 기술의 문명만을 보여 주었다고 생각하면 오산이다. 산업화와 근대화의 이면에는 군중 속에서 우울하고 소외된 근대인의 고독이 싹트고 있었다. 카유보트는 사후에 주류 인상주의 화가로 분류되지 못했지만, 그는 다른 화가들이 그릴 수 없었던 독특한 감성의 개인과 군중을 그려 냈다. 그의 그림은 차갑고 관람자들과 심리적으로 거리를 두는 것 같지만, 오히려 이 때문에 더욱 가깝게 감정이입을 하게 된다. 카유보트는 사진 같은 인상주의 회화를 그렸지만, 사진이 담을 수 없는 화가의 따뜻한 감정을 그림 속에 담아 냈다.

세계 최초의 가동활자 직지

1450년대 구텐베르크 활판 인쇄술의 발명은 인류 문명사에서 획기적인
사건이었다. 그런데 활자 문화는 사실 동양의 기술이 서양보다 앞섰다.

중국 송나라 시대인 1041년 연금술사 필승畢昇이 부드러운 점토판
표면에 한 글자씩 거꾸로 새긴 후 불에 구워 딱딱하게 만들어 먹에
묻혀 글자를 찍어 냈다. 이 과정에서 가동활자movable type가 발명되었다.
이렇게 손으로 만든 점토판을 배열해서 인쇄하는 기술은 고려로 넘어와
혁명적인 인쇄술로 발전하였다. 이런 사실은 1377년 청주 흥덕사에서
제작한 불교 경전 《백운화상초록불조직지심체요절白雲和尙抄錄佛祖直指心體要節》
이하 '직지심체요절' 혹은 '직지'로 줄여 부른다.이 청주 흥덕사에서 발견되면서 확인되었다.
이것으로 구텐베르크 활판 인쇄술보다 73년이나 빠른 가동활자
기술이 우리나라에 있었다는 사실이 밝혀졌다. 《직지》는 1972년 '세계
최초 금속활자'로서 유네스코 세계기록유산으로 등재되었다. 그러나

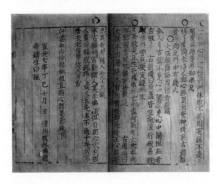

《직지》.

안타깝게도 《직지》는
우리나라에 없다. 고종
황제 시절 주한 프랑스
대리공사로 있던 콜랭
드 플랑시Collin de Plancy
1853~1922가 하권을
프랑스로 가져갔고,

그 후 골동품 수집가인 앙리 베베르Henri Vever 1854~1943의 손을 거쳐 프랑스 국립도서관Bibliothèque nationale de France에 현재까지 소장되어 있다.

그런데 가장 오래되었다는 고려 시대의 금속활자 인쇄술보다 《구텐베르크 성서》를 왜 혁신적이라 평가할까? 그 이유는 26개의 알파벳과 달리 한자는 5,000개 이상의 개별 글자로 이루어져 있기 때문이다. 한자의 모든 글자를 금속으로 만들려면 막대한 비용이 들고, 인쇄할 때마다 활자를 재배열하는 작업도 알파벳 활자처럼 쉽지 않다. 이러한 점 때문에 《직지》는 《구텐베르크 성서》보다 활자의 크기와 배열이 고르지 않다. 개수가 적은 서양 알파벳이 가동활자에 유리했던 것이다. 그렇지만 《직지》는 현재 세상에 남아 전하는 가장 오래된 가동활자로현재 전하지는 않지만, 《직지》보다 더 일찍 만들어진 금속활자본은 《상정고금예문》이다. 세계적으로 귀중한 가치를 지닌 우리 문화유산이라는 것은 변함이 없다.

미술과 일상

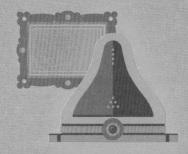

잔인한 시절에 깨달은 일상의 가치

세계화가 급속도로 진행됨에 따라 한 나라에서 발생하는 전쟁이나 재난, 질병, 금융 위기 등이 다른 나라에 영향을 미치는 속도가 점점 빨라지고 있다. 그래서 지난 몇 년간 전염병이 유행할 때마다 전 세계인들은 이에 민감하게 반응해 왔다. 서아프리카 지역을 중심으로 유행한 에볼라 공포나 중동에서 한국으로 유입된 메르스 공포도 마찬가지였다. 국가와 국가 간의 여행이 쉬워짐에 따라 질병에 대한 공포도 전 세계가 공유하는 시대가 온 것이다.

옛날에는 어땠을까? 중세 시대 사람들에게 흑사병의 공포는 우리가 상상하는 것 이상이었을 것이다. 비단 흑사병뿐이겠는가. 그렇다면 생명을 위협하는 전쟁, 재난, 질병의 공포에서 벗어나기 위해 중세 사람들은 어떻게 했을까?

중세 말기에 〈베리 공의 매우 호화로운 기도서Les Très Riches Heures du Duc de Berry〉1410~1416를 제작한 랭부르 형제Limbourg Brothers는 1416년에 갑자기 전염병에 걸려 사망하면서 작품을 완성하지 못했다. 이 작품을 의뢰했던 베리Berry 공 역시 1416년에 전염병에 걸려 사망하면서 기도서는 결국 다른 사람의 손에 의해 완성되었다. 작품을 제작한 예술가와 작품 제작을 재정적으로 도왔던 후원자가 모두 같은 해에 세상을 뜬 것이다. 이 기도서는 현재 가장 아름다운 작품 중 하나로 인정받고 있지만 이를 제작한 사람과 제작을 후원한 사람 모두 불운의 시대를 살다 간 것이다.

〈베리 공의 매우 호화로운 기도서〉는 성무일과서, 즉 기도서의 일종으로, 달력화로 구성되어 있다. 오늘날 이 필사본은 프랑스의 샹티이 콩데미술관Musée Condé에 소장되어 있다. 헤르만, 폴, 얀이라 불린 랭부르 세 형제는 일찍이 아버지를 여의고 삼촌을 따라 금은세공과 회화 견습생으로 일하다가 1404년경부터 베리 공의 후원을 받아 필사본을 제작했다. 이들의 일생을 다룬 자료가 거의 남아 있지 않기 때문에 이들이 1390년 경에 출생했을 것이라는 추정만 있을 뿐 세 형제가 정확하게 언제 태어났고 어떤 삶을 살았는지 알 수 없다. 중세 시대에는 예술 작품을 의뢰하는 후원자나 기부자들의 삶은 비교적 상세하게 알려진 반면, 작품을 제작하는 예술가들에 대해서는 거의 알려지지 않았다. 르네상스 시대가 열리면서 비로소 작가 개인을 나타내는 서명과 자화상 등이 등장한 것이다.

〈베리 공의 매우 호화로운 기도서〉는 아주 아름다운 색상의 필사본이다. 금은세공사 밑에서 도제로 일한 랭부르 형제는 세부 처리가 매우 섬세하고 뛰어난 작품을 제작했다. 이 작품에서는 귀족들의 삶과 평민들의 일상생활을 다루었고 배경에 등장하는 중세의 성들은 실제로 당시 존재했던 모습을 그대로 보여 준다. 이 작품의 〈1월January〉 장면은 베리 공작이 등장하는 화려한 파티 장면을 묘사한다. 1월에 해당하는 영어 'January'는 두 얼굴을 가진 '야누스Janus'에서 유래한 단어다. 즉 지나온 한 해를 되돌아보고 앞으로 다가올 새로운 해를 기대하는 두 얼굴을 상징한다. 새해를 맞아서 선물을 교환하고 잔치를 벌이는 모습은 예나 지금이나 변함이 없다. 탁자에는 다양한 요리를 차려 놓았고 금은색의 식기는 베리 공의 부를 상징한다. 그는 파란색 옷을 입고 권위 있는 자세로 앉아 있다. 모피 모자에는 화려한 보석이 박혀 있고 주변에는 대주교와 귀족들이 자리잡고 있어 베리 공의 재력과 사회적 지위를 가늠할 수 있다. 한편 1월 달력에서 만찬회장 뒤편으로 보이는 전쟁 장면은 '트로이 전쟁'을 묘사한 태피스트리^{tapestry}이다. 중세의 성은 돌로 지었기 때문에 차가운 벽을 태피스트리로 장식하는 전통이 있었다. 직물로 만든 태피스트리는 일종의 보온 효과와 벽을 꾸미는 장식 효과가 있었는데, 많은 미술가가 태피스트리 밑그림 제작을 맡을 정도로 당시 태피스트리는 중요한 물건이었다. 이 태피스트리의 가장 왼쪽 인물들이 랭부르 형제들이라는 설도 있다.

화려한 1월 달력이 지나면 2월은 평민들이 일하는 장면을 보여 준다. 추운 겨울, 여자들은 아궁이의 불을 쬐고 있고 남자들은 밖에서 땔감을 모으거나 시장으로 소를 끌고 간다. 이것은 다가올 3월에 땅을 갈아 농사를 짓기 위해 준비하는 광경을 표현한 것이다. 배경에는 베리 공의 소유인 루지^{Château de Lusignan} 성이 보인다. 베리 공은 1416년에 죽기 전까지 주로 이곳에서 지낸 것으로 알려져 있다. 봄은 4월과 5월 달력을 화려하게 장식한다. 4월과 5월에는 각각 반지를 주고받으며 약혼식을 치르는 남녀의 모습이 그려져 있고, 6월과 7월이 오면 평민들은 들판에서 열심히 일을 한다. 8월 달력에는 한여름의 무더위가 묘사되어 있다. 귀족들은 매사냥을 하고 들판의 평민들은 여전히 열심히 일을 한다. 더위를 피해 개울에서 수영을 즐기는 사람들의 모습도 보인다. 9월은 수확의 계절이어서, 들판에서 수확하는 사람들의 밝은 모습이 표현되어 있다. 10월 달력에는 평민들이 밭갈이하는 모습이 묘사되어 있다. 이후 랭부르 형제는 전염병에 걸려 11월과 12월 달력을 그리지 못했다. 1월부터 10월

랭부르 형제, 〈베리 공의 매우 화려한 기도서(1월)Très Riches Heures du Duc de Berry
(January)〉, 1410~1416년, 21.3×29.2cm, 양피지에 사본 삽화, 콩데박물관.

랭부르 형제, 〈베리 공의 매우 화려한 기도서(2월)Très Riches Heures du Duc de Berry (February)〉, 1410~1416년, 21.3×29.2cm, 양피지에 사본 삽화, 콩데박물관.

랭부르 형제, 〈베리 공의 매우 화려한 기도서(8월)Très Riches Heures du Duc de Berry
(August)〉, 1410~1416년, 21.3×29.2cm, 양피지에 사본 삽화, 콩데박물관.

까지 달력의 그림은 색채 표현이 서로 유사하지만, 다른 이가 그린 11월과 12월 달력에서는 전혀 다른 형식의 그림이 펼쳐진다.

베리 공은 희귀한 책과 호화롭고 진기한 물건을 수집하는 취미가 있었다. 그가 좋아하는 책은 섬세한 필사본과 기도서였다. 그는 당시 수많은 성을 소유하면서 권세를 누리기도 했다. 그러나 그가 누렸던 물질적 풍요와는 상관없이 당시 유럽은 100년 전쟁을 겪고 있었고, 전염병이 도는 불행한 시대를 지나고 있었다. 베리 공도 어머니와 할머니를 모두 전염병으로 잃고 계모 밑에서 성장하면서 불행한 유년기를 보냈다.

귀족과 평민의 삶을 대조적으로 보여 준 〈베리 공의 매우 호화로운 기도서〉는 전염병 앞에서 귀족과 평민, 예술가 들이 모두 무력했음을 생각하게 한다. 그러나 예술을 사랑한 한 후원자와 세 명의 형제가 남긴 아름답고 섬세한 기도서는 일상의 가치를 다시 한 번 일깨워 준다. 이들은 전염병이 돌았던 가장 잔인한 시절을 살았지만, 이후 도래하는 르네상스라는 새로운 시대를 예견하여 종교가 아닌 일상과 노동의 중요성을 예술의 주제로 부각시켰다.

변기가 예술이 될 수 있는가

수천 년 동안 예술가들은 그들 특유의 기술이나 기법을 동원하여 아름다움을 표현하였다. 고대 그리스인들은 미술을 이 세상의 모방으로 여겼고, 예술가들은 자신의 주변을 예술 작품에 재현했다. 현실 세계에서 우리가 보는 집, 거리, 나무 등은 미술 작품 안에서도 닮아 있어야 했다. 나무는 갈색으로, 나뭇잎은 초록색 등으로 칠했고 우리가 보고 믿는 것이 작품 속에 그대로 등장해야 좋은 그림으로 여겼다.

서양에서 중요시한 원근법은 3차원의 입체감과 깊이감을 살리는 중요한 기술이었다. 전경, 중경, 원경이라는 공간감도 풍경화나 특정 장면에 입체적인 느낌을 부여했다. 공간에서 입체감을 형성하기 위해 미술가들은 원근법 같은 다양한 눈속임trompe-l'œil을 구사한 것이다. 모방의 논리에 따라 미술가들은 자신의 눈을 카메라 렌즈처럼 생각하면서, 이 세상을 정확하게 표현했던 것이다.

그런데 프랑스 태생의 마르셀 뒤샹Marcel Duchamp 1887~1968이 우리가 생각하는 미술의 영역을 뒤흔들었다. "세상을 왜 입체감 있는 회화로만 그려야 하는가?"라는 질문을 던진 것이다.

뒤샹이 처음부터 예술계를 놀라게 했던 것은 아니다. 그는 화가와 조각가였던 형제들과 그림 이야기를 하고 음악을 연주하고 체스 게임하는 것을 더 즐거워했다. 특히 수학과 미술은 그가 즐기는 과목이었다. 당시 파리에서는 파블로 피카소Pablo Picasso 1881~1973의 입체파cubism가 세상을 놀라게 하고 있었지만, 뒤샹은 형태를 입방체로 표현하던 피카소나 조르주 브라크Georges Braque 1882~1963보다 영화와 같은 새로운 매체가 더욱 흥미로웠다. 영화에서는 운동감과 역동성을 느낄 수 있었기 때문이다. 1912년에 발표한 〈계단을 내려오는 누드 2Nude Descending a Staircase, No.2〉1912는 누드가 계단에서 내려오는 장면을 마치 움직이는 영상 이미지처럼 표현했다. 뒤샹은 파리에서 이 작품을 전시회에 출품했지만 입체주의 화가들은 '움직

임'이 들어간 그의 작품을 몹시 싫어했다. 이 작품은 1년 뒤 1913년 뉴욕 아모리쇼The Armory Show에서 미국인들을 충격에 빠뜨렸다.

1917년 뒤샹은 〈계단을 내려오는 누드 2〉보다 더 충격적인 작품을 내놓았다. 예술가의 생각도 작품이 될 수 있다는 것이다. 생각이란 눈으로 볼 수 없는 추상 혹은 무형의 그 무엇인데, 도대체 어떻게 예술 작품이 될 수 있다는 것인가? 이러한 생각을 반영하듯 뒤샹은 1917년 〈샘Foundation〉1917을 독립예술협회에 출품했다. 당시 뉴욕에 있던 협회의 규정에 의하면 전시 참가비만 지불하면 모든 사람이 전시회에 자유롭게 참가할 수 있었다.

뒤샹의 작품은 이미 사람들이 기성품으로 사용하는 변기였다. 르네상스 이후 작가들은 예술 작품에 자신의 이름을 사인하여 작가의 창작성과 고유성, 원본성을 강조하였다. 서명은 "내가 이 작품을 제작했다."는 일종의 선언인 셈이다. 그런데 예술가가 자신의 손으로 만들지 않고 이미 특정 회사가 판매하고 있는 상품을 가져와 다른 이름으로 서명을 했을 때 그것은 예술이 될 수 있는가? 이 질문은 뒤샹과 뒤샹을 지지하는 일부 수집가, 그리고 동료들을 제외한 모두를 혼란에 빠뜨렸다. 이 변기는 당시 뉴욕 5번가에 있는 변기 회사J. L. Mott Iron Works에서 판매하던 '베드포드셔Bedfordshire'라는 모델명의 변기였다. 뒤샹은 구입한 변기에 "R. Mutt 1917"이라는 서명을 하고, 이것을 '예술 작품'으로 출품한 것이다. 협회 측은 이것도 작품인지 논쟁을 벌였고, 이 작품은 결국 전시되지 못했다. 뒤샹은 당시 이 협회의 이사였지만, 자신의 작품이 논쟁으로 치닫자 항의의 표시로 협회 이사직에서 물러났다.

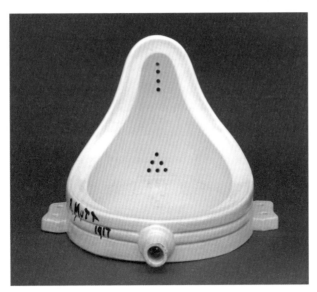

마르셀 뒤샹, 〈샘〉, 1917년/1964년, 63×48×35cm, 혼합 재료, 조르주 퐁피두센터.
© Succession Marcel Duchamp / ADAGP, Paris, 2016

당시 협회에 제출했던 출품 사진은 뒤샹이 찍은 변기 사진이 아니라 뉴욕의 유명 사진가였던 앨프리드 스티글리츠Alfred Stieglitz 1864~1946가 찍은 것이었다. 이 사진에서 뒤샹의 변기는 로댕의 청동 조각처럼 좌대 위에 우아하게 놓여 있다. 곧이어 뒤샹은 《블라인드 맨The Blind Man》 잡지 2호에, 스티글리츠가 찍은 〈샘〉 사진과 베아트리스 우드Beatrice Wood 1893~1998와 뒤샹의 컬렉터인 월터 아렌스버그Walter Arensberg1878~1954의 글, 그리고 스티글리츠의 편지를 함께 보냈다. 하지만 이 잡지에도 작품이 실리지 못하고 거절당했다. 이 사건은 '리처드 머트 케이스Richard Mutt Case'로 불리면서 예술계를 충격에 빠뜨렸다.

이후 뒤샹의 〈샘〉은 레디메이드ready-made로 불리게 되었다. 레디메이드는 기성품이라는 의미로, 대량생산되어 이미 대중이 소비하는 물건을 의미한다. 공장에서 대량생산된 제품이 과연 예술로 불릴 수 있을까? 뒤샹은 일상생활에서 누구나 사용하는 변기를 '샘'이라는 제목으로 전시하고 싶었다. 그는 작가가 기존의 물건을 예술 작품 혹은 예술 오브제대상로서 새로운 제목으로 제시한다면 이 또한 예술이라고 선언한 것이다. 이후 1917년에 제작한 뒤샹의 〈샘〉 원본original은 소실되었다. 뒤샹은 1964년에 전시를 위해 여러 개의 복제품replica을 제작하였는데, 현재는 뒤샹의 작품이 전 세계의 주요 미술관에 소장되어 있다.

뒤샹은 예술이란 작가의 손으로 제작된다는 관념을 공격하였다. 또한 좋은 미술과 나쁜 미술의 경계와 같은 미적 취향과 기준을 공격했다. 특정 시대의 배드 아트bad art는 또 다른 시대에는 굿 아트good art가 될 수 있다는 것이다. 〈샘〉의 성공 여부를 떠나 뒤샹은 예술가의 아이디어가 예술 제작 과정에서 중요한 개념이 되고 작품이 될 수 있다는 것을 실험했다. 오늘날 뒤샹의 예술이 전통 예술에 저항하는 '반예술, 반미학'으로 불리는 이유가 여기에 있다. 그가 없었다면 아이디어나 개념이 중요하게 여겨지는 20세기와 21세기 초반의 현대미술은 존재하지 않을 것이다.

뒤샹의 예술 행위는 '전위예술'이라 불리며 불어로는 '아방가르드avant-garde'로 칭해졌다. 그는 다다dada 그룹의 일원으로 1914년에 일어난 1차 세계대전에 대한 환멸을 예술로 표현했다. 전쟁은 수많은 사람의 인명을 앗아가면서 많은 이들에게 심리적으로 치유할 수 없는 상처를 남겼다. 이성적으로 대응할 수 없는 무기력한 상태가 곧 '다다'라는 예술운동과 결부

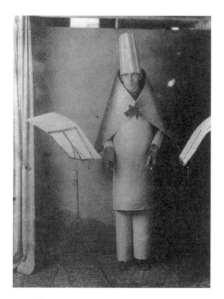

1916년 카페 볼테르에서 행위예술을 하는
휴고 발Hugo Ball.

되었다. 갓 태어난 아기의 옹알이를 뜻하는 '다다'는 산업혁명 이후 계몽주의를 내세우면서 합리성과 과학성을 강조한 서구 문명에 대한 저항의 표시였다.

다다는 1916년 1차 세계대전 중 전쟁을 혐오하던 유럽 각국의 청년들이 중립국인 스위스 취리히의 카페 볼테르Cabaret Voltaire로 모여들면서 시작되었다. 각자 이곳으로 온 이유는 달랐지만, 다다이스트들은 모두 1차 세계대전이 계몽주의와 합리주의가 낳은 괴물이라고 생각했다. 그들은 전통과 인습, 관습을 비롯한 모든 것을 폐기하고 싶었다. 말이 안 되는 단어를 조합해 시 낭송을 하는 것과 같이 예술과 일상을 혼합하는 행위예술performance을 즐겼다.

한마디로 다다이스트들은 이성적으로 말이 안 되는 아이러니한 것을 예술로 규정하였다. 그들은 대리석이나 청동과 같은 고급 재료들을 포기하고 버려진 재료들을 주워 예술 작품으로 제작하였다. 이들이 내세운 반전통, 반예술 정신은 이후 파리, 베를린, 쾰른, 뉴욕, 바르셀로나 등 전 세계로 확산되었다.

그러나 전위예술은 나치가 정권을 잡은 1932년 이후, 히틀러에 의해

《퇴폐미술전Entartete Kunst》 포스터, 1937년.

서 퇴폐미술로 낙인찍히면서 갖은 수모를 겪게 된다. 히틀러는 나치 특유
의 예술을 선전하면서, 유럽의 전위예술을 흑인들의 원시예술과 마찬가
지로 저급하고 퇴폐적인 예술로 폄하하였다. 그러나 2차 세계대전 이후,
뒤샹의 정신은 뉴욕을 중심으로 전개되던 새로운 현대미술의 밑거름이
되었다. 동시대의 새로운 테크놀로지였던 무성영화와 사진을 좋아했던 뒤
샹의 정신은 21세기의 현대미술에서 아직도 많은 영향력을 미치고 있다.

현대인의 삶에 주목하다

대중 스타는 언제부터 미술에 등장했을까? 팝아트를 주창했던 미국 미술가, 앤디 워홀Andy Warhol 1928~1987은 배우, 가수와 같은 대중 스타들을 예술 작품에서 중요하게 다뤘다. 예를 들면 그는 1962년 메릴린 먼로Marilyn Monroe 1926~1962의 초상을 금색 바탕에 그려 〈금빛 메릴린 먼로Gold Marilyn Monroe〉를 완성했고, 재키 케네디Jackie Kennedy 1928~1994 등과 같은 유명 정치인의 초상화를 여러 점 제작했다.

미술의 역사에서 여성은 예술 작품 속에 매우 제한적으로 표현되었다. 첫째는 전쟁과 지혜의 여신 아테나와 같이 그리스 로마 신화 속 누드 이미지다. 둘째는 부유한 여성의 초상화 이미지를 들 수 있다. 셋째는 일하는 여성 노동자의 이미지다.

그런데 워홀은 메릴린 먼로와 같은 대중 스타를 종교화에 등장하는 여성처럼 표현했다. 그는 가장 일상적인 것, 우리가 소비하는 모든 것이 예술이 될 수 있다고 주장하며 미술의 역사에 새로운 가능성을 열었다. 워홀이 그린 〈금빛 메릴린 먼로〉는 대중의 사랑을 한 몸에 받은 대중 스타로서 중세의 종교화에 사용하던 금색을 배경으로 하고 있다. 워홀은 영화 〈나이아가라Niagara〉1953의 홍보용 사진으로 사용된 먼로의 모습을 그대로 이용하였다. 대중이 이미 알고 있던 먼로의 사진에 유화와 실크스크린 기법으로 초상화를 제작한 것이다.

그는 이미 많은 사람들이 알고 있거나 익숙한 대중 스타의 이미지를 그대로 이용하고 싶었다. 워홀은 단 한 점의 그림이 가진 독창성을 별로 중요하게 생각하지 않았다. 오히려 실크스크린이라는 판화 기법을 이용하여 대량 복제할 수 있는 대중성을 강조하였다. 서양미술에서 종교화를 장식하던 성모마리아상은 이제 대중 스타의 얼굴로 대체되었다.

그러나 워홀의 작업은 대중 스타의 초상에 머물지 않았다. 일상에서 마주치는 하찮은 것, 습관적으로 마시고 먹는 코카콜라, 캠벨 수프 등 모든 것이 등장했다. 브랜드 로고는 그 어떤 것보다 아름다웠다. 워홀은 대중이 사용하는 상품에 등장하는 모든 이미지를 차용했다. 산업 디자이너로 활동하던 워홀의 미술은 사람들이 하찮게 생각하던 대중문화에서 출발했다. 대중문화에서 볼 수 있는 값싼 하위문화를 '예술'로 바꾸어 놓은 것이다. 이것이 팝아트의 출발이다.

회화는 판화나 사진과 달리 세상에 단 한 점만 존재한다. 판화와 사진은 생산자가 원한다면 수많은 복제품을 만들어 낼 수 있다. 앤디 워홀은 회화의 특징인 단 한 점 존재하는 유일성, 고유성, 원본성을 떠나 무한히 반복 생산할 수 있는 대량생산을 좋아했다. 그는 뉴욕에서 실크스크린으로 유명인들의 초상화를 찍어 내고 세트로 엮어서 판매를 하기도 했다. 워홀은 미국 미술계에서 최초로 슈퍼스타가 되었다. 특히 1947년부터 1952년까지의 작품은 미술계에 대변혁을 일으킨 것으로 평가받았다.

본래 신발 디자이너였던 앤디 워홀은 추상표현주의의 대가인 잭슨 폴록Jackson Pollock 1912~1956과 같이 유명한 화가가 되고 싶었다. 더욱이 워홀은 당시 미국 드라마에 출연하는 배우들에게 편지를 쓸 정도로 연예인이나 대중문화를 좋아했고, 피츠버그에서 뉴욕으로 오면서 유명인이 되고 싶은 욕망에 사로잡혀 있었다.

앤디 워홀, 〈금빛 메릴린 먼로〉, 1962년, 211×144cm, 캔버스에 합성물감, 실크스크린, 뉴욕 현대미술관. © The Andy Warhol Foundation for the Visual Arts, Inc. / SACK, Seoul, 2016

1960년대와 1970년대 미국은 대중문화의 전성기였다. 하지만 같은 시기에 여성을 무시하고 차별하는 사회에 저항하는 페미니즘 운동이 시작되었다. 한편 젊은이들은 히피 문화를 외치며 베트남 전쟁에 반대하는 대대적인 시위를 벌였다. 흑인들도 백인과 동등한 인권을 외치며 거리로 나왔다. 소비문화와 대중문화가 급격히 팽창하는 동시에 정치, 사회적으로는 변혁의 시기였다. 당시 미국의 문화 평론가들은 대중의 정치, 사회에 대한 관심을 다른 곳으로 돌리기 위해 미국 정부가 하위문화를 내세우고 대중문화에 탐닉한다고 비난을 쏟아 냈다.

이런 시대에 미술계에서는 워홀의 행동에 눈살을 찌푸릴 수밖에 없었다. 특히 클레멘트 그린버그Clement Greenberg 1909~1994와 같은 미술 비평가는 워홀의 팝아트를 혐오했으며, 산업계에서 활약하던 신발 디자이너가 미술의 고고한 미적 가치들을 오염시킨다고 비난했다. 예술가가 대중문화를 전면에 내세우며 흉내 내는 일은 일찍이 미술사에 없었다. 오히려 예술과 문화사에서 대중문화는 항상 값싸고 조잡하다는 뜻의 '키치kitsch'로 표현되었다.

앤디 워홀은 회화와 조각을 고급 예술로 생각하고 대중문화를 저급 예술로 생각하던 서구의 전통을 깨뜨린 인물이다. 그는 예술과 대중문화의 경계를 허물었다. 워홀의 작업 스튜디오인 '팩토리Factory'는 소수의 부유 계층을 대상으로 작품을 판매하던 관례를 벗어나 워홀을 브랜드화시켰다. 1인 예술가로 작업하던 방식을 팩토리에서 기대할 수는 없다. 여러 명이 함께 워홀의 실크스크린 판화를 제작했다. 이뿐 아니라 워홀은 회화와 사진을 한 작품으로 구사하였다. 실크스크린으로 찍은 캔버스에 추상화된 색채 이미지를 그려 나갔다. 질서와 규범, 경계를 원했던 사람들에게 워홀은 미술계를 혼탁하게 만드는 문제아이자 이단아였다.

워홀이 팩토리에서 미술만 한 것이 아니었다. 그는 배우나 음악가, 협업을 좋아하는 사람들을 불러 영화를 만들고 록 밴드인 벨벳 언더그라운드Velvet Underground, 1964년부터 1973년까지 활동를 기획했다. 워홀은 1967년에 출시된 〈벨벳 언더그라운드와 니코The Velvet Underground & Nico〉의 앨범 커버를 디자인하며 음악과 실험영화 등을 왕성하게 제작했다. 또한 〈재난Crash〉 시리즈를 통해 미국에서 가장 빈번하게 일어나는 자동차 사고를 다뤘으며, 사형수가 앉는 '전기의자'로 사회문제를 논평하기도 했다.

현대인은 코카콜라를 마시고 캠벨 수프와 같은 인스턴트 음식을 먹으며 대중매체를 통해 죽음이나 비극마저도 기계적으로 대하고 있다. 이런 현대인의 삶에 주목함으로써 워홀은 누구도 높게 평가하지 않았던 대중매체의 이미지를 예술의 영역으로 끌어오는 데 성공했다.

튜브 물감, 혁명을 일으키다

프랑스 인상주의 화가 르누아르는 "튜브 물감이 없었다면 모네도, 세잔도, 피사로도 없었을 것이다."라고 말했다. 이처럼 현재 우리가 알고 있는 튜브 물감의 발명은 미술사에서 혁명적인 사건이었다.

화가에게 물감은 꼭 필요한 재료이다. 물감은 항상 밀폐된 상태로 보관하다가 필요할 때마다 쉽게 열어 사용해야 한다. 그러기 위해서는 물감을 담는 용기^{container}가 아주 중요하다. 현재 우리가 알고 있는 튜브 물감이 만들어지기 전까지 화가들은 어떤 형태의 물감 용기들을 사용해 왔을까?

전통적인 수채 물감 용기는 주로 조개나 홍합의 껍질이었다. 물론 조개껍질에 물감을 담으면 일회분밖에 사용하지 못했다. 그 후 마개가 있는 유리병이나 뿔에 물감을 담아 사용하였는데, 마개로 열고 닫으며 사용하다 보니 그 안에 담긴 물감은 점차 마르고 굳어 버렸다.

18세기 중반에 이르러 수채 물감을 전문적으로 다루는 제조업자들이 등장하고 수채 물감의 용기 또한 발전하였다. 직사각형 용기 위에 물감의 이름과 제조업자의 서명을 부착하여 판매하기 시작한 것이다. 20세기 중반에는 용기를 플라스틱으로 만들어, 원하는 만큼 물감을 잘라 내어 사용할 수 있게 되었다.

수채 물감과 달리 전통적인 오일 물감의 용기는 동물^{대부분 돼지}의 방광 주머니였다. 화가들은 방광 주머니에 구멍을 뚫어서 사용할 만큼

짜내고 다시 구멍을 막아 재사용하였다. 그러나 방광 주머니는 물감을 짤 때 터지기 일쑤였고, 완벽하게 밀폐하지 못해 물감을 다시 사용하기 어려웠다. 이러한 불편함 때문에 프랑스 인상주의 화가들은 야외에서 스케치를 하고 실내 아틀리에로 돌아와 작품을 완성하곤 했다.

1841년 영국에 살던 미국 화가 존 랜드John Goffe Rand 1801~1873가 이러한 고민을 해결할 수 있는 튜브형 물감의 초기 형태를 발명하였다. 휴대용으로 접을 수 있는 금속 튜브였는데, 그는 자신의 튜브형 물감을 미국 특허청에 등록하기도 했다.

이것으로 화가는 튜브 밑부분을 잘라 사용한 후 잘라 낸 부분을 접는 방법으로 물감을 더 오랫동안 사용할 수 있게 되었다. 튜브 물감은 이후 윈저&뉴턴Winsor&Newton 회사에서 더 발전시켜 판매했다. 튜브 물감은 미술계에 혁명을 가져왔다. 이제까지 사용하던 다양한 물감 용기는 자취를 감추었으며, 튜브 물감으로 인해 야외에서 풍경화를 제작하는 일이 가능해졌다.

미술과 종교

세계가 사랑한 아름다운 불상

국립중앙박물관에 가면 〈금동미륵보살반가사유상金銅彌勒菩薩半跏思惟像〉국보 제78
호, 제83호을 만날 수 있다. 미륵보살의 사색에 잠긴 모습은 바라보는 것만으
로도 정신이 맑아지고 마음이 치유되는 것 같다. 특히 국보 제83호 반가
사유상은 최고의 걸작답게 또렷한 이목구비와 신체 표현을 절제하면서
도 완벽한 균형미를 자랑한다. 연꽃으로 장식한 작은 대좌에 왼발을 올려
놓고 의자에 앉아 있는 미륵보살은 오른쪽 다리를 왼쪽 다리에 얹은 반
가부좌의 자세를 취하고 오른손을 오른쪽 뺨에 대고 명상에 잠겨 있다.

2013년 뉴욕 메트로폴리탄미술관에서 신라 불교미술 전시가 개최
되었다. 이때 국보급 작품을 해외에 내보내는 것에 대한 반대 의견도 많
았지만 〈금동미륵보살반가사유상〉은 일본이나 중국과는 다른 한국의
고대 불교문화를 대표하며 미국인들에게 깊은 감동을 안겨 주었다. 이렇
게 수많은 사람에게 최고의 걸작이라는 찬사를 받는 국보 제78호와 제
83호 반가사유상은 사실 일제시대 도굴업자들에 의해 박물관에 팔려
갔던 슬픈 과거를 안고 있다. 불교 조각은 보통 절에서 발견되거나 특정
유적지에서 발굴되기 마련인데, 〈금동미륵보살반가사유상〉은 백제에서
제작되었는지, 신라에서 제작되었는지 기록이 정확하게 남아 있지 않은
점이 아쉽다. 현재는 삼국시대 제작으로 표기하고 있다.

불교는 인도에서 태동한 종교다. 하지만 불교가 탄생한 고대 인도오늘
날의 티베트 남쪽 지역에는 현재 불교 신자들은 드물고 힌두교와 이슬람교를 믿
는 신자들이 많다. 불교는 실크로드를 따라 중국과 한국에 유입되었다.

〈금동미륵보살반가사유상〉, 6~7세기 삼국시대, 93.5㎝, 국보 제83호, 국립중앙박물관.

〈고류사 목조미륵보살반가사유상廣隆寺 木造彌勒菩薩半跏思惟像〉,
6〜7세기 아스카시대, 123.5cm, 고류사, 교토.

〈금동미륵보살반가사유상〉, 6~7세기 삼국시대, 80㎝, 국보 제78호, 국립중앙박물관.

그런데 흥미로운 점은 중국, 한국, 일본 각 문화권에 불교가 유입될 무렵, 각 나라에는 이미 토착 문화나 종교가 형성되어 있었다는 것이다. 중국에는 도가 사상이 있었고, 우리나라에는 무속 신앙이 있었으며, 일본의 경우에는 자연의 모든 사물에 정신이 깃들어 있다고 믿는 신도 신앙이 자리 잡고 있었다. 불교는 이러한 토착 문화와 만나면서 중국과 한국, 일본 나름의 독특한 미의식으로 발전한다.

동양과 서양을 막론하고 새로운 정권이나 시대가 들어설 때마다 종교는 새로운 체계로 사람들의 삶을 변화시켰다. 불교가 들어오면서 불교 경전이 국내에 유입되었고 조각가들은 불상을 제작하였다. 종교예술에 대한 수요가 늘어남에 따라 새로운 직업군이 생겨났다. 각종 불교 의식에 사용할 기물들이 필요했고 종교예술을 봉헌할 사원도 필요했다. 새로운 종교는 새로운 사회적 기반을 만들어 냈고 경제 부흥을 이루어 냈다. 보통 종교를 정신문화라고 생각하지만 실상은 좀 다르다. 종교, 특히 종교예술은 물질문화와 긴밀한 연관성을 가지고 전개된다.

6세기 중반에 백제의 불교문화가 일본에 전해져 영향을 미치게 되었다. 일본의 고류사廣隆寺가 소장하고 있는 목조반가사유상은 삼국시대에 우리나라에서 만든 것으로 알려져 있다. 우리나라 국보 제83호 반가사유상과 아주 유사한 이 불상은 일본인들이 가장 사랑하는 고대 불교 조각이다. 일본 기록에 의하면 애초에 이 불상은 신라에서 왔으며 쇼토쿠聖德 태자는 신라계 사람인 카와카쓰秦河勝에게 이를 하사했고 카와카쓰는 고류사를 세워 불상을 안치했다. 고류사의 반가사유상이 적송赤松으로 제작되었다는 사실은 이 불상이 우리나라에서 제작되었다는 증거가

〈호류지 목조관음보살입상法隆寺 木造観音菩薩立像(백제관음상百済観音像)〉,
7세기 아스카시대, 210cm, 호류지, 교토.

된다. 적송은 일본에서는 자라지 않는, 우리나라 소나무이기 때문이다. 우리나라와 일본의 반가사유상은 겉으로 보기에 상당히 유사할 뿐만 아니라, 명상에 잠긴 내적인 평온함도 비슷하다.

우리나라 삼국시대의 불교문화가 일본의 고대 문화에 영향을 주었다는 또 다른 증거로 〈구다라관음百濟觀音〉을 들 수 있다. '구다라'는 '백제'의 일본식 발음이다. 이 관음상은 녹나무에 금색을 입힌 불상으로, 높이가 210센티미터 정도 된다.

런던의 대영박물관British Museum에서는 〈구다라관음〉 복제품이 전시되어 사람들에게 인기를 끌고 있다. 이 복제품은 1920년경, 일본의 니이로 추노스케新納忠之介 1869~1954에 의해 제작되었는데, 한 점은 대영박물관에서, 다른 한 점은 동경국립박물관에서 소장하고 있다.

니이로 추노스케는 일본 가고시마 태생으로 동경미술학교현 동경예술대학에서 조각을 공부했으며, 2,631개의 불상과 문화재를 수리하고 복원한 인물이다. 대영박물관에 소장된 〈구다라관음〉은 많은 사람들이 원작이라고 믿을 정도로, 원작에서 느낄 수 있는 우아한 아름다움이 그대로 드러난다.

정면에서 보면 광배가 관음상의 몸 뒤에 붙어 있는 것 같지만, 옆에서 보면 관음상의 가느다란 실루엣은 광배를 지탱하고 있는 지지대와 평행을 이룬다. 지지대는 한 그루의 대나무를 보여 주듯, 대나무의 마디가 규칙적인 간격으로 표현되어 있다. 모나리자의 미소에 버금가는 구다라 관음상의 신비로운 미소는 '백제의 미소'를 그대로 닮았다. 섬섬옥수라 표현할 만한 왼손에는 정병淨瓶이 살짝 놓여 있다. 정병의 물은 중생을 구하는 감로수다. 관음상이 몸에 두르고 있는 천의는 앞에서 보면 평면적이지만 옆에서 보면 바람에 하늘거리는 우아한 옷자락이 입체적으로 표현되었다. 관음상의 화관에서 보이는 섬세하고 빈틈없는 표현은 당시 금속 기술의 높은 수준을 드러내는데, 이 화관 또한 천의의 부드러운 선과 조화를 이룬다.

관음은 대승불교에서 가장 인기가 많은 보살 중 하나인데, 보살은 중생을 깨달음에 이르게 하기 위해 자신의 깨달음을 보류하는 존재다. 보통 관음은 미륵보살에 비해 훨씬 더 화려하게 표현되는데, 목걸이와 같은 장신구는 물론이고 보관을 쓰고 팔찌를 차기도 한다. 그들은 민초들의 삶을 가장 잘 이해하는 존재로서 아주 여성적으로 표현된다.

서구인들이 '동양의 비너스'라고 부를 정도로 〈구다라관음〉은 동양 여성의 아름다움을 섬세하게 드러내고 있다. 앙드레 말로André Malraux 1901~1976도 이 불상에 찬사를 보내며, 세상이 망해도 이 작품만은 남겨야 한다고 했다. 그 역시 우아하면서도 선적인 불상의 실루엣에 감동을 받았던 것이다.

일본 아스카 문화와 백제 문화의 교류는 이미 역사적으로 널리 알려져 있다. 6세기 후반이 되면 한국에서 불교 승려들과 건축가들이 경전과 불상을 들고 일본으로 건너갔다는 기록이 있으니, 당시의 융성한 한일 문화 교류를 상상해 볼 수 있다.

부처의 근원을 찾아서, 간다라 미술

알렉산드로스 대왕Alexandros the Great B.C.356~B.C.323은 그리스, 이집트, 페르시아에 이르는 대제국을 건설하고 인도 정복까지 꿈꾸었던 마케도니아의 왕이다. 알렉산드로스 대왕은 그리스의 헬레니즘 문화를 페르시아와 인도까지 퍼뜨려 그리스 문화를 국제화시킨 장본인이다. 오늘날의 파키스탄 북부와 아프가니스탄 동부에 자리했던 간다라Gandhara 지역에 그리스 문명이 전해지게 된 것이다. 그는 정복하는 도시를 모두 '알렉산드리아Alexandria'라고 이름 붙였기 때문에 스무 개가 넘는 알렉산드리아가 세워졌다. 이렇게 세운 도시에 그리스 식민 문화가 형성되었으며, 이 지역을 중심으로 고대 그리스 문화와 예술이 융성하였다.

알렉산드로스 대왕이 동방 원정을 꿈꾸기 전, 기원전 6세기에 네팔 남쪽에서 싯다르타가 탄생했다. 어느 날 마야부인은 코끼리가 오른쪽 옆구리로 들어오는 꿈을 꾸고 싯다르타를 잉태하였다. 그렇게 태어난 싯다르타는 스물아홉 살이 되던 해에 인간의 모든 번뇌와 고통에서 벗어나기 위하여 가족의 품을 떠나 출가를 한다. 싯다르타는 인간의 욕망과 집착에서 벗어나 해탈에 이르기 위해 수행하였고 35세에 깨달음을 얻어 석가모니 부처가 되었다. 이후 인도 각지에서 가르침을 펼치다 80세에 열반nirvana에 이르게 된다. 석가모니의 제자들은 그의 가르침을 깊이 새기면서 인간은 모든 집착과 욕망에서 벗어날 때 비로소 깨달음을 얻는다는 교리를 전파했다. 각 제자들은 자신만의 재능을 살려 기억력이 뛰어난 제자는 석가모니의 교훈을 기억하였고, 이를 이야기로 풀어서 가르치기

부처 두상, 4세기, 스투코, 간다라(현 파키스탄 북서쪽).

를 좋아하는 제자들은 사람들에게 가르침을 전파했다.

　그러나 말만으로 불교를 포교한다는 것은 쉬운 일이 아니었다. 수백 년이 흐르면서 석가모니의 가르침이 퇴색할 수 있었다. 석가모니의 가르침은 이후 제자들이 집대성한 불교 경전을 통해 전승되었다. 하지만 글을 모르는 사람들에게 부처의 가르침을 전파하는 것은 어려운 일이었다. 글 대신 그림이나 조각품을 이용해야 했는데, 신성한 존재인 석가모니를 시각적 대상으로, 특히 사람들이 경외심으로 숭배하는 종교 예술품으로 제작하는 일이란 어려운 문제였다. 그래서 싯다르타가 석가모니가 되는, 깨달음에 이르는 이야기를 부조로 제작하게 되었다. 이 이야기에는 석가모니 전생의 이야기인 '자타카Jataka'와 현생의 이야기를 포함하고 있다.

　간다라 지역의 사람들은 불교 조각을 만들어 보려고 노력했다. 그러나 아무리 생각해도 한 번도 본 적이 없는 석가모니를 작품으로 표현할 수 없었다. 그렇지만 석가모니는 수많은 고통을 겪으며 해탈에 이르기까지의 과정에서 얻은 여러 가지 특징이 있었다. 그의 가르침은 특별한 상징을 통해 사람들에게 전달되었기 때문에 이런 것들을 시각적 대상에 포함시킨다면 불교 조각을 만드는 일이 아주 불가능한 것도 아니었다. 부처는 보통 사람들과 달리 서른두 가지의 특별한 상징을 가지고 있었다. 예를 들면 부처의 정수리에 상투처럼 솟아올라 있는 육계가 여기에 속한다. 이것들로 조각에서 부처의 덕성과 자비로움을 표현할 수 있었다. 그럼에도 간다라인에게는 부처님을 인간의 형상으로 만들어 내기 위해 참고할 만한 이미지가 필요했다.

　한편 알렉산드로스 대왕이 간다라 지역을 정복했을 때 고대 그리스

서 있는 부처The Standing Buddha, 1~2세기, 도쿄 국립박물관.

아테나Athena, 2세기, 라호르박물관.

의 헬레니즘 문화를 반영한 다양한 조각을 가져왔다. 간다라인들은 그리스인이 그리스 신화에 등장하는 신과 영웅, 그리고 지혜와 전쟁의 여신인 아테나를 인간의 형상으로 만들었다는 것을 알게 되었다. 신을 인간의 형상으로 제작한 예는 부처를 형상화하는 데 많은 도움을 주었다. 아테나를 비롯해 간다라에서 출토된 그리스 조각들은 간다라 지역 조각가들이 불교미술을 제작할 때 어떤 방식으로 그리스 조각을 참조하고 어떻게 영향을 받았는지를 보여 준다.

2~4세기 간다라 지역에서 제작된 불교 조각들은 이목구비가 뚜렷하고 눈매가 아주 깊은 특징을 보여 준다. 고대 그리스인들이 선호했던 초상 조각이나 원반을 던지는 자세 등과는 달리 간다라인들은 부처의 엄정한 자세를 몇 가지 정형화된 수인으로 표현했다. 그리스 조각의 특징들은 간다라 지역의 토착성, 불교미술의 특수성과 자연스럽게 결합하면서 '그리스적인' 간다라 불교예술을 형성했다. 이후 간다라 불상은 실크로드를 따라 중국 불교에 영향을 미치면서, 동서양 문화 예술의 교류를 장식하게 되었다.

간다라는 오늘날 파키스탄 지역인데, 역사적으로 아프가니스탄과 함께 실크로드의 중요한 거점이자 시작점이다. 오늘날 파키스탄과 아프가니스탄은 서방에 비해 경제적으로 낙후한 지역으로 인식되고 있지만, 고대 문명사에서 그들이 꽃피운 문화는 상상을 뛰어넘을 정도로 화려하게 번성하였다. 2001년 뉴욕에서 9.11사태가 일어나기 직전에 탈레반Taliban은 아프가니스탄에 있는 바미얀Bāmyān 불상을 파괴하였다. 종교를 떠나 고대 문명의 흔적을 파괴하는 것은 어떤 논리로도 정당화될 수 없는 야만적인 행위다.

절망에서 희망을 보다

특정 종교를 위해 제작되는 예술 작품은 대개 도상들이 정해져 있다. 기독교미술, 불교미술, 이슬람미술이 모두 그러하다. 그런데 마티아스 그뤼네발트Matthias Grünewald 1470~1528는 〈이젠하임제단화Isenheim Altarpiece〉1511~1515에서 그동안 종교예술에서는 볼 수 없던 것을 표현했다.

그뤼네발트는 동시대 상황과 동떨어진 기독교미술을 표현하고 싶지 않았다. 16세기 초반 민초들이 겪고 있는 당대의 상황을 기독교 예술과 결부시켜 그 시대를 반영하는 종교 예술을 표현하고 싶었던 것이다. 기독교 예술에서 예수를 표현할 수 있는 도상이나 주제들은 제한되어 있었지만, 그뤼네발트는 당시의 어려움을 가장 잘 이해하고 아픔을 공유하는 예수의 도상을 주요한 주제로 선정했다. 〈이젠하임제단화〉는 본래 성 안토니오 수도원이 그뤼네발트에게 의뢰한 작품이었다. 성 안토니오 수도승들은 전염병을 치료하는, 오늘날의 의사 역할을 하고 있었고 사람들은 수도원에서 치료를 받았다.

그뤼네발트가 작품을 의뢰받았을 당시, 알자스Alsace 지역은 전염병에 시달리고 있었다. 특히 이 지역에서 대유행한 맥각중독증ergotism이란 병은 균에 오염된 호밀을 먹으면 걸리는 병이었다. 처음에는 환각 증상이 일어나다가 점차 고열에 시달리며 피부가 화상을 입은 것처럼 변하는데, 피부 증상에 그치지 않고 뇌신경을 파괴해 사망에 이르는 무서운 피부병이다. 성 안토니오는 이 병에 걸린 사람들을 기적으로 치료해 많은 존경을 받았던 의사이자 수호성인으로, 기독교 예술에 자주 등장하는 도상이다. 이후 그를 기리는 성 안토니오 병원 형제회가 설립되었으며, 전염병이 창궐할 때마다 성 안토니오는 사람들을 질병으로부터 지켜 주는 수호성인으로 표현되었다. 따라서 병에 걸린 사람들은 성 안토니오를 그린 그림을 보며 마음의 평화를 얻었다.

제단화는 성당의 제단 뒤에 걸려 있는 회화나 조각, 부조 형식을 일컫는데, 기독교 예술에서 제단화는 두폭제단화diptych, 세폭제단화triptych 등이 있다. 우리 식의 병풍으로 생각하면 되지만, 병풍보다 훨씬 더 규모가 큰 편이다. 그뤼네발트는 전통 방식의 제단화가 아니라, 입체 제단화를 제작했다. 맨 앞에 있는 제단을 열면 또 다른 제단화가 계속해서 나오는 대형 이동식 입체 제단화로, 회화가 제단의 여러 패널을 장식한다. 그뤼네발트는 1511년부터 1515년까지 4년에 걸쳐 이 제단화를 완성하였다.

평소 제단화는 닫혀 있다가, 예배를 볼 때나 성탄절, 그리고 성모마리아를 경배하는 축제 등이 열릴 때 공개된다. 닫힌 상태의 〈이젠하임제단화〉 중앙에는 십자가에 못 박힌 예수, 왼쪽 날개에는 화살을 맞은 성 세바스찬, 오른쪽 날개에는 성 안토니오가 표현되어 있다. 좌우의 두 성인은 병든 자를 치료하는 수호성인들이다. 그런데 십자가에 못 박힌 예수는 당시 이 그림을 보았던 사람들과 같은 피부병을 앓고 있다. 못에 박힌 고통을 강조했던 전통적인 예수의 도상과 달리, 〈이젠하임제단화〉의 예수는 피부병으로 물집이 잡혀 있고 극심한 고통에 시달리고 있다.

사람들은 이 그림을 보면서 예수가 자신들과 닮았다는 사실에 동병상련의 위안을 얻었을 것이다. 하얀 옷을 입은 마리아가 슬픔을 이기지 못하고 쓰러지자 요한이 부축한다. 그 옆에 있는 막달라 마리아도 깊은 상심에 빠져 있고, 예수 왼쪽에 있는 세례 요한 옆에는 예수의 희생을 뜻하는 양이 표현되었다. 〈이젠하임제단화〉의 기단 아래 부분에도 예수가 피부병을 앓고 있는 처절한 모습이 표현되어 있다. 슬픔을 가누지 못

마티아스 그뤼네발트, 〈이젠하임제단화〉, 1511~1515년, 운터린덴박물관.

마티아스 그뤼네발트, 〈이젠하임제단화〉, 펼쳤을 때의 모습, 1511~1515년, 운터린덴박물관.

하는 막달라 마리아의 눈은 충혈되었다. 그뤼네발트는 병에 걸린 예수를 표현함으로써, 곤궁에 처한 사람들을 측은지심으로 바라보고 이들의 마음을 위로하는 종교와 믿음의 힘을 강조했다.

십자가에 못 박힌 예수를 중심으로 양쪽 패널을 열면 더 큰 작품이 등장한다. 왼쪽부터 오른쪽으로 총 세 장면에 걸쳐 예수의 삶을 기록하였다. 천사 가브리엘이 마리아에게 예수의 탄생을 알리는 수태고지, 예수의 탄생, 그리고 예수의 부활과 승천이 차례로 표현되었다. 질병으로 인한 고통 이후, 부활과 승천이라는 주제는 당시 전염병으로 고통받던 산자와 죽은 자를 모두 위로한다.

〈이젠하임제단화〉가 제작되었을 당시 알자스 지역은 구교의 영향력 아래 있었지만, 종교개혁 이후 이 지역은 신교의 영향권에 들어가게 되었다. 알자스 지역은 프랑스 작가 알퐁스 도데의 《마지막 수업La Dernière Classe》1871에 등장하는 곳으로, 프랑스령이었다가 독일령으로 넘어가는 복잡한 역사를 경험한다. 알자스 지역이 처했던 복잡한 역사만큼이나 이 작품의 운명도 복잡하다. 프랑코-프러시안 전쟁Franco-Prussian War, 1870~1871 중 이 작품은 독일에 넘겨졌다가, 알자스 지역이 프랑스 손에 넘어가면서 프랑스로 귀환했다. 복잡한 역사를 거치면서도 〈이젠하임제단화〉는 고향을 떠나지 않고 현재 프랑스 알자스 주 콜마르의 운터린덴박물관Musée d'Unterlinden에 소장되어 있다. 16세기에 전염병이 세상을 휩쓸고 절망이 마을을 뒤덮을 때 사람들은 이 제단화 앞에서 절규하며 희망의 끈을 놓지 않았을 것이다. 결국 종교는 고통받는 사람들을 위해 존재할 때 가장 위대한 신앙의 힘을 발휘하는 것이다.

바미얀 불상 파괴는 문명 학살이다

최근 실크로드의 중심지였던 시리아의 고대 도시 팔미라Palmyra를 점령한 IS이슬람 극단주의 무장단체가 세계 문화유산인 개선문 유적을 폭파하였다. 이전에도 그들은 우상숭배, 신성모독 등의 이유를 내세우며 고대 신전, 모스크, 사원 등을 파괴했다. 그러나 이라크와 시리아 곳곳에서 일어나는 문화재 파괴는 IS의 '유물 밀매', 즉 암시장에 도굴한 유물들을 판매하는 그들의 행적을 감추려는 의도에서 비롯한 것이라는 주장도 제기되고 있다.

2001년 3월 파키스탄 바미얀의 석불들을 아프가니스탄 탈레반이 로켓포로 파괴한 사건이 있었다. 바미얀은 서구와 중앙아시아를 오랫동안 이어온 실크로드의 전략적 요충지로 서방과 동방의 종교·문화적 교류가 번창했던 불교미술의 중심지다.

바미얀의 찬란한 불교문화는 6세기에 간다라 양식의 영향을 받아 제작된 거대한 2기의 석불과 석굴 벽화 등을 통해 짐작해 볼 수 있다. 특히 석불은 암벽에 조각되어 각각 높이 35미터, 53미터로 과거 중앙아시아와 인도 불교의 도상학적 이미지와 전통 양식을 형상화한 소중한 불교미술이다. 석불 외에도 다양한 불교적 도상들이 그려진 석굴 벽화가 벽과 천장에 새겨져 있다.

바미얀 석불의 파괴 이후 유네스코를 비롯한 전 세계의 종교인들은 중요한 문화유산을 잃었다는 상실감으로 모두 한마음이 되어 남아 있는 석불 조각들을 보존하고 보호하며 파편들을 연구하는 데 주력하고 있다.
그들이 파괴한 것은 단순한 돌덩이가 아니다. 그것은 종교와 문화의
숨결을 담은 세계유산이며 소중한 역사적 유산으로, 그것을 파괴하는
행위는 '문명학살'이라 말할 수 있다.

미술과 여성

어느 화가의 초상

1980년대 후반 디지털 매체가 등장하면서 아날로그 방식의 카메라는 이제 무용지물이 된 느낌이다. 카메라 필름을 생산하던 코닥과 같은 업체에서도 필름을 생산하지 않은 지 상당히 오래되었다. 더욱이 디지털화로 소위 '뽀샵포토샵'이 가능해지면서 이미지의 합성이나 조작 또한 쉬워졌다. 그래서 주민등록증이나 여권 사진 등에 부착하는 증명사진 속의 사람이 실제와 동일 인물이 아닌 듯이 보일 때도 많다.

아름답게 보이고 싶은 마음은 누구에게나 있다. 하지만 아름다운 모습, 이상적인 모습을 꿈꾸다가 얀 반 에이크Jan van Eyck 1395?~1441가 그린 〈붉은 터번을 감은 남자Man in a Red Turban〉1433를 보면 사실적으로 처리된 얼굴의 주름이나 표정, 옷 주름 등이 놀랍게 느껴진다. 목까지 올라오는 옷깃에, 섬세하면서도 진지한 얼굴 표정은 붉은 터번과 묘한 조화를 이룬다. 검정과 붉은색은 얼굴의 피부색을 더욱 강조할 뿐만 아니라, 단호한 의지를 지닌 이 남자의 성격을 드러낸다.

당시에도 지금의 포토샵과 같은 기술이 있었다. 예술가는 초상화 의뢰를 받을 경우 대부분 의뢰한 사람의 모습을 과도할 정도로 아름답게 포장했다. 특히 여성의 경우는 실제 모습보다 더욱 어려 보이고 아름다워 보이도록 그렸다. 예를 들면 티치아노가 그린 〈이사벨라 데스테Isabella d'Este〉1534~1536는 귀부인의 모습을 지나치게 어리고 아름답게 표현한 나머지 자식들보다 더욱 어리게 보일 정도였다고 한다. 시각예술에서는 이러한 특징을 '이상화idealization'라고 말한다. 사람들은 초상화의 모델이 될 경

얀 반 에이크, 〈붉은 터번을 감은 남자〉, 1433년, 26×19cm, 나무판에 유채,
런던 내셔널갤러리.

우 실제의 모습보다 더 아름답고 이상적인 모습으로 표현되길 기대하는 것이다. 현실 속의 모습은 잊히지만 이상화된 아름다움은 영원히 칭송받는다고 믿기 때문이다.

그러나 얀 반 에이크의 〈붉은 터번을 감은 남자〉에는 작가 개인의 정신이 깃들어 있다. 그는 서명 대신 작품의 틀에 "1433년 10월 21일 얀 반 에이크가 제작했다."라고 썼다. 이 문구는 언뜻 보기에는 프레임에 새겨진 것처럼 보이지만, 사실은 화가가 글자를 그려 넣은 것이다. 화가는 이 작품이 최고의 작품이고 최선을 다했다는 것을 알고 있었기에, 그림의 틀 윗부분에 이렇게 표시한 것이다.

우리는 습관적으로 동안과 아름다운 외모에 열광한다. 하지만 얀 반 에이크처럼 자연스럽게 늙어 가는 모습, 그리고 세상을 바라보는 강렬하고도 지적인 눈빛은 우리에게 영감을 주고 아름답다는 느낌마저 들게 한다. 어둠 속에서 떠오르는 터번을 쓴 화가의 얼굴은 특유의 개성과 페르소나persona가 살아 숨 쉬는 듯하다.

중세 시대만 해도 인간의 얼굴이라는 특정 부위를 그리는 것은 상당히 드문 일이었다. 보통 예술가들은 성당의 실내에 설치하는 제단화를 제작하였고, 이 제단화에는 작품 제작에 돈을 기부한 신자들의 얼굴을 좌우에 그려 넣었다. 그런데 얀 반 에이크 자신이 자화상을 그리면서 초상화의 전통을 바꾼 것이다. 화가는 하느님이나 아기 예수, 성모마리아 대신 인간, 자신을 선택했다. 이것은 얀 반 에이크의 혁신성을 보여 준다. 그리고 시대가 오직 신을 향하던 중세에서 개인, 자아에 대한 인식을 갖춘 초기 르네상스로 이동하고 있음을 알려 준다. 고대 로마 이후 거의 천

얀 반 에이크, 〈아르놀피니의 결혼〉, 1434년, 82.2×60cm, 패널에 유채, 런던 내셔널갤러리.

년 동안 사라졌던 초상화와 자화상의 전통이 얀 반 에이크를 통해 부활한 것이다.

자화상을 그린 1년 후인 1434년 얀 반 에이크는 예술사의 방향을 뒤바꾸는 또 다른 걸작을 제작했다. 〈아르놀피니의 결혼The Arnolfini Marriage〉1434으로, 플랑드르 지역에 실제로 살았던 아르놀피니라는 이탈리아 남자의 결혼식 초상이다. 당시 이탈리아 최고의 부자는 메디치 가문이었는데, 메디치 가문은 금융업으로 엄청난 재산을 모았다. 피렌체에는 메디치 가문의 사무실에 해당하는 우피치가 있었는데, 여기에 두었던 작품들이 이후 우피치미술관Galleria degli Uffizi의 소장품이 되었다. 파리를 비롯해 브루게Brugge에도 메디치 가문의 사무실이 있었는데, 아르놀피니는 이곳에서 일했던 인물이다.

이 작품 속의 모든 이미지는 각자 상징적인 의미를 띠고 있다. 당시 플랑드르의 실내는 거실과 침실이 오늘날처럼 구분되어 있지 않았다. 두 사람은 실내에서 결혼 서약을 한다. 남자의 옷에 모피가 부착되어 있는 것으로 보아 상당히 높은 계층에 속한다는 사실을 알 수 있다. 황동으로 된 샹들리에, 창가 옆에 있는 이탈리아 오렌지 등도 그들의 부를 입증한다. 두 사람 뒤에 있는 거울 프레임에는 수난당하는 예수의 이미지가 그려져 있고, 오목거울 안에는 두 사람의 뒷모습과 그 앞에서 그림을 그리는 화가와 증인으로 보이는 인물이 보인다. 당시 거울도 부자들만이 가질 수 있는 사치품의 일종이었다. 두 사람 앞에는 부부간의 믿음을 상징하는 개가 있다.

얀 반 에이크는 세속을 살아가는 사람들의 삶도 종교적 주제처럼 얼마든지 정신적이고 숭고할 수 있다는 것을 가르쳐 준다. 플랑드르 사람들이 보면 충분히 이해할 만한 사물들을 그려 넣은 이 그림은 일종의 결혼 서약서, 혼인 신고서와 같은 역할을 했다. 예술가는 자화상, 초상화로 눈을 돌리며 변해 가는 시대상을 반영하기 시작한 것이다.

고통 속에 꽃핀 예술

20세기 멕시코 예술의 역사에서 프리다 칼로Frida Kahlo 1907~1954가 없었다면 어떻게 되었을까? 칼로는 멕시코에서만 중요한 인물이 아니다. 한 여성으로서 이 세상을 가장 값지게 살았던 칼로가 없었다면 우리는 고통을 예술로 승화시키는 방법을 몰랐을 것이다. 많은 사람들이 예술가는 풍족한 가정에서 유복하게 성장한다고 생각한다. 하지만 사실 예술의 역사는 자신이 처한 어려움과 단점을 창작 활동으로 극복한 사람들의 발자취다.

칼로는 처음에 디에고 리베라Diego Ribera 1886~1957의 부인으로 알려졌다. 멕시코에서 가장 유명한 미술가이며 유럽과 미국에서도 유명세를 떨친 리베라는 멕시코의 수도인 멕시코시티에 벽화를 그린 훌륭한 화가였지만 칼로를 불행하게 만든 장본인이기도 했다. 그는 수많은 여성과 염문을 뿌리면서 아내를 불행하게 만들었다. 리베라는 1931년에 뉴욕에서 대형 전시를 개최할 정도로 이미 국제적인 명성을 누리고 있었는데, 이 때문인지 사람들은 칼로를 한 명의 화가로서 인정해 주지 않았다.

칼로는 아주 어릴 때 소아마비에 걸렸다. 그래서 보통 아이들과 달

프리다 칼로, 〈테우아나 차림의 자화상Self-Portrait as Tehuana〉 또는
〈내 마음속의 디에고Diego on My Mind〉, 1943년, 76×61cm,
메소나이트에 유채, 자크, 나타샤 겔만 컬렉션.

디에고 리베라와 프리다 칼로.

리 오른쪽 다리와 왼쪽 다리가 다르게 발육하면서 두 다리가 정상적으로 성장하지 못했다. 설상가상으로 1925년에는 교통사고를 당해 평생 동안 신체장애를 안고 살아가야 했다. 그러나 칼로는 그림을 그리면서 장애를 극복했다. 그림을 그릴 때 그녀는 자신이 안고 있는 신체장애가 대수롭지 않게 여겨졌으며 행복을 느꼈다고 한다. 자신이 당하고 있는 고통을 보통 사람들이 보고도 공감할 수 있는 예술성으로 승화시키면서 칼로는 자신의 마음까지 치유하고 있었던 것이다.

처음에 리베라와 칼로는 서로의 예술성을 존중하며 사랑에 빠졌다.

프리다 칼로, 〈두 명의 프리다〉, 1939년, 173.5×173cm, 캔버스에 유채, 멕시코시티 현대미술관.

그들은 멕시코 민족주의에 열광하며 멕시코의 신비로운 전통과 신화를 통해 서구에서 유입된 예술을 넘어서고자 했다. 두 사람은 서구의 예술을 적절하게 수용하면서도 멕시코의 토착 예술과 신화를 혼합하여 새로운 현대미술을 창조하려고 노력하였다. 이러한 교감은 두 사람의 사랑이 싹트게 했고, 두 사람은 새로운 예술을 통해서 멕시코 혁명에 예술가들이 기여할 수 있다고 믿었다. 당시 멕시코 지식인들은 아즈텍 문화에서 자신들의 뿌리를 찾으려는 열망을 품고 있었는데, 칼로와 리베라 역시 시대적 요구와 흐름을 같이하고 있었던 것이다.

칼로의 얼굴에서는 짙은 눈썹과 멕시코인 특유의 얼굴형이 단연 눈에 띈다. 그녀는 있는 그대로의 자신을 표현하는 데 주저하지 않았다. 당시 예술가들은 초상화를 제작할 때 실제의 모습보다 조금 더 예쁘고 잘생긴 모습으로 표현하곤 했다. 그러나 칼로는 자신이 처한 모습을 있는 그대로 표현하면서 현실적인 상황을 그림 속에 구현하였다. 특히 자화상에 아즈텍 문명을 상징하는 강아지가 등장할 정도로, 그녀는 멕시코 문화와 예술을 자기 예술의 중요한 근원이자 뿌리로 다루었다.

초현실주의 문인으로 1924년에 초현실주의 선언을 했던 앙드레 브르통André Breton 1896~1966은 프리다 칼로를 가리켜 "폭탄을 싸고 있는 리본"이라고 말했다. 예쁜 리본 안에 폭탄 같은 분노가 뒤엉켜 있다는 뜻이다. 이를 예술로 풀어낼 수 있는 길은 자기 자신의 내면을 들여다보고 이를 정직하게 표현하는 것이다. 이것이 칼로가 유독 자화상을 많이 그린 이유다. 그녀는 그림을 굳이 서구적인 방식으로 '잘' 그릴 필요가 없었다. 서툴게 표현된 선, 자신의 자화상인데도 남성처럼 느껴지는 묘한 분위기, 미국

프리다 칼로, 〈짧은 머리의 자화상〉, 1940년, 40×28cm, 캔버스에 유채, 뉴욕 현대미술관.

인디언의 그림 같은 강렬한 원색은 칼로의 그림에서 원시적인 느낌을 드러낸다.

칼로는 1931년에 결혼식 초상을 제작하고, 1939년에는 〈두 명의 프리다The Two Friedas〉1939를 제작했는데, 이는 행복했던 출발이 곧 파행으로 치닫고 있음을 보여 준다. 특히 〈두 명의 프리다〉에서는 자신의 모습을 두 번 그렸다. 심장을 살 밖으로 꺼내어 보일 정도로 아픔을 보여 주는 자기 본연의 모습과 디에고가 사랑한 자신의 모습을 표현한 것이다.

이후 칼로는 본격적인 여성 미술가로서 독립적인 삶을 살아간다. 〈짧은 머리의 자화상Self-Portrait with Cropped Hair〉1940은 이제 유명한 남편의 이미지가 투영된 칼로가 아니라 독립적으로 예술성을 추구하는 작가로 돌아왔음을 보여 준다. 칼로는 남성복을 입고 이전과 달리 짧은 머리를 하고 있다. 자화상 맨 위에는 "이보세요. 내가 당신을 사랑했다면 그건 당신의 머리카락 때문이오. 이제 긴 머리가 없으니, 나는 당신을 더 이상 사랑하지 않소."라는 멕시코의 노랫말이 적혀 있다.

칼로는 스물다섯 번이 넘는 수술을 받고 침대에서 제대로 움직일 수 없을 정도의 극한 고통을 겪으면서도 그림을 그렸던 일화로 유명하다. 보통 신체가 불편하면 마음의 여유 또한 사라지고 타인이 나를 어떻게 보는지 의식하게 된다. 그러나 그녀는 자신의 불행을 위장하거나 가장하지 않고 이를 그림으로 표현하려 했다. 칼로가 남긴 자화상이 50여 점이 넘는다고 하니, 그녀가 얼마나 끊임없이 스스로를 관찰했는지 알 수 있다.

칼로는 급변하는 멕시코 사회에서 여성 미술가의 역할을 확고하게 다졌다. 그리고 자신의 신체적 고통을 드러냄으로써 이를 예술로 치유해 나갔다. 자전적인 경험을 강조하면서도 멕시코의 전통 또한 적극적으로 수용하는 자세는 이전의 여성 미술가들에게서는 볼 수 없었던 특징이다. 칼로는 수많은 자화상을 그리면서 스스로가 겪고 있는 어려움을 포용하고 이를 치유하는 과정을 통해 성숙한 예술가로 인정받았다. 이것이 오늘날 프리다 칼로가 1세대 페미니즘 미술가로서 존경받는 이유다.

왜 그녀는 분노를 유발하는가

유럽과 미국의 미술관에 가면 수많은 비너스상을 감상할 수 있다. 바티칸의 바티칸미술관, 피렌체의 우피치미술관, 파리의 루브르미술관, 런던의 테이트모던과 내셔널갤러리, 뉴욕의 메트로폴리탄미술관, 로스앤젤레스의 게티센터 등에는 수많은 누드 조각과 회화 작품이 전시되어 있다. 오늘날 그리스 조각으로 알려진 작품들은 대부분 로마 시대에 제작된 복제품들이다. 그리스 예술이 로마 예술을 통해 그대로 전승된 것이다. 서구의 문화 예술은 그리스, 로마 시대가 남긴 문화적 유산 위에서 성립된 것이기 때문에 누드화나 누드 조각은 서양 예술의 근본을 이룬다. 그리스와 로마 예술이 재탄생했던 르네상스 시기에도 이러한 전통은 무너지지 않았다.

　그런데 마네가 〈올랭피아Olympia〉1863를 그리지 않았다면 누드화의 역사는 어떻게 되었을까? 1860년대 사람들은 관능적인 비너스의 몸매가 아름다운 몸매라고 생각했다. 그림 속에서 여성의 살결은 부드러워야 하고, 여성의 몸매는 우아한 선으로 그려져야 했다. 그런데 〈올랭피아〉는 당대의 비평가와 관람자들에 의해 저급한 음란물로 비난을 받았다. 물론 오늘날 〈올랭피아〉는 오르세미술관에 위풍당당하게 걸려 있는 최고의 걸작이자 마네가 그린 최고의 작품이다. 오늘날 어떤 사람들도 이 작품에 대해 저급하다거나 저속한 음란물이라는 표현을 사용하지 않는다.

〈올랭피아〉는 하나의 명작이 사람들의 생각을 어떻게 바꿀 수 있는지 보여 준다. 이 작품은 1860년대를 기준으로 가장 현대적인 여성을 그린 그림이다. 그렇다면 다른 화가들은 어떤 소재를 다뤘을까? 당시 많은 미술가들이 다뤘던 주제는 그리스나 로마 신화, 성서에 나오는 종교적인 이야기, 유명한 역사적 일화들이 대부분이었다.

물론 마네도 종교적인 주제를 표현했다. 상당히 도발적이었던 마네는 1865년 살롱전프랑스의 미술 공모전에 〈올랭피아〉와 함께 〈군인들의 조롱을 받는 그리스도Christ Mocked by the Soldiers〉1865를 출품했던 것이다. 그런데 두 작품 모두 미완성처럼 보인다는 점 때문에 당시 비평가들로부터 혹독한 질타와 비판을 받았다. 특히 〈올랭피아〉는 비너스상에서 볼 수 있었던 여성적인 몸매나 우아함 등이 결여되었다는 점에서 대중을 충격에 빠뜨렸다. 관람자들이 생각하기에 〈올랭피아〉는 예쁘지도 우아하지도 않았으며 이상적인 여성도 아니었다. 더욱이 기존의 그림들과 달리, 마네의 〈올랭피아〉 속 여성은 관람자를 빤히 쳐다보고 있었다. 그 시선 역시 관람자를 기분 나쁘게 하는 요소였다. 여성이라면 눈을 지그시 내려뜨고 생각에 잠긴 듯한 표정이어야 하는 것 아닌가. 몸매를 표현하는 투박한 윤곽선 역시 관람자들을 불편하게 했다. 그림 속 모델은 당시 실존 인물이었

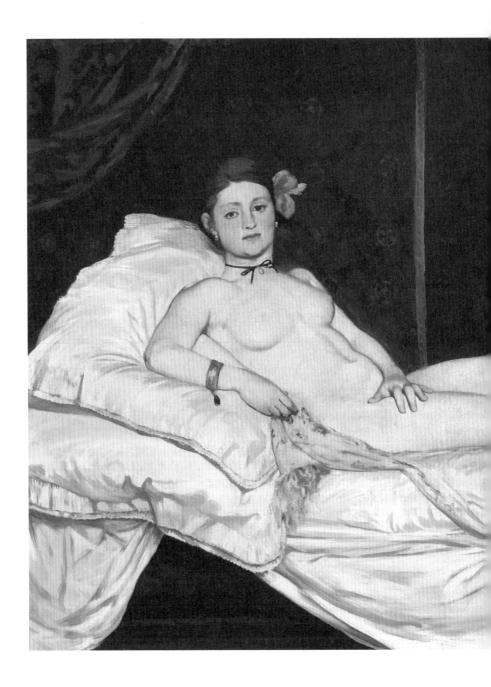

에두아르 마네,
〈올랭피아〉, 1863년,
130.5×190cm,
캔버스에 유채,
파리 오르세미술관.

는데, 고급 창부로 일하던 여성이었다.

그해 살롱전에서 상을 받은 카바넬Alexandre Cabanel 1823~1889의 〈비너스의 탄생Naissance de Vénus〉1863과 〈올랭피아〉를 서로 비교해 보면, 〈올랭피아〉에서 마네는 여성 누드를 표현하는 방식을 완전히 바꾸었음을 알 수 있다. 카바넬이 그린 비너스는 우리가 익숙하게 봐왔던 아름답고 관능적인 여성의 몸을 보여 준다. 또한 올랭피아처럼 건방지게 관람자들을 쳐다보는 것이 아니라 살짝 눈을 내려뜨고 있는 시적인 평화로움이 느껴진다. 이러한 차이는 단순히 두 사람이 그림을 그리는 방식의 차이가 아니다. 사물을 바라보는 방식, 세상을 바라보는 방식의 차이다. 바라보는 방식은 생각하는 방식을 반영하는 것이다.

예술과 문화사에서 누드와 나체는 전혀 다른 의미다. 누드화는 유럽의 문화 예술에서 미술의 한 장르를 차지한다. 사람들은 비너스를 보고 그녀가 옷을 벗고 있다는 생각보다는 그리스 신화 속에 등장하는 아름다운 여신이라고 인식한다. 반면, 나체화를 보는 사람들은 여성이 옷을 벗었다고 생각하고 수치심을 느낀다. 우리 문화에서는 이러한 구분이 정확하게 이루어지지 않았지만 서구에서는 오래전부터 누드와 나체를 구별했다. 마네의 〈올랭피아〉를 보고 당시 유럽 사람들은 그림 속 여성을 누드가 아니라 나체로 느꼈던 것이다. 이 작품을 음란물처럼 저속하게 느꼈던 것도, 분노를 느낀 것도 이 작품에서 결여된 여성의 도덕성 때문이었다.

마네는 근대 회화를 출발시킨 장본인이다. 그 이전의 미술가들은 대개 신화나 역사 등 과거에서 이야깃거리를 찾았지만 마네는 지금, 현재

에두아르 마네, 〈군인들의 조롱을 받는 그리스도〉, 1865년, 191×147cm, 캔버스에 유채, 시카고미술관.

알렉상드르 카바넬, 〈비너스의 탄생〉, 1863년, 130×225cm, 캔버스에 유채, 파리 오르세미술관.

에서 우리의 이야기를 끌어내야 한다고 보았다. 이러한 생각을 마네 혼
자만 했던 것은 아니다. 마네와 같이 파리에서 활동한 시인이자 문학 비
평가였던 샤를 보들레르Charles Baudelaire는《근대 생활의 화가The Painter of Modern
Life》1863라는 에세이에서 예술가들에게 신화와 역사라는 과거의 주제에
서 탈피할 것을 촉구했다. 대신 동시대인의 삶과 생활상을 반영하는 근
대성modernity을 추구할 것을 요구한다. 보들레르는 오늘날의 삶을 진솔하
게 다루는 것이 예술의 힘이라고 주장했다.

보들레르의 요청에 응하듯, 마네는 자신이 살고 있는 파리의 도시
문화를 즐겨 다뤘다. 카페나 댄스홀에서 여유를 즐기는 사람들의 모습

을 그림으로 표현했다. 그의 그림에는 도시를 활보하는 사람들의 모습, 맥주를 마시는 근대인의 삶, 노동하고 유희를 즐기는 사람들이 등장한다. 예술의 가장 아름다운 빛은 근대인의 삶 속에 존재했다.

누드와 나체는 어떻게 다른가

서양미술사에서 여성의 몸은 많은 화가들의 뮤즈muse로서 영감을 불러일으키는 미적 소재이다. 그렇기에 예술 작품으로 승화된 여성의 몸을 어떻게 바라보느냐에 대한 논란은 끊임없이 지속되어 왔다. 이러한 논란들 가운데 1972년 미술사학자 케네스 클락Kenneth Clark 1903~1983은 《누드의 미술사The Nude: A Study in Ideal Form》에서 다양한 미술 작품을 통해 누드와 나체를 정의하였다.

클락에 따르면 나체the naked는 입고 있던 옷을 벗은 것으로, 바라보는 사람이 느끼는 당혹감을 함축하고 있다. 반면에 누드는 자신감 넘치며 균형 잡힌 건강한 육체, 즉 수치심을 불러일으키지 않는 육체의 이미지이다. 더불어 그는 '누드'라는 어휘가 회화나 조각 작품에서 사용되는 여성의 몸이 항상 예술의 중심 주제라는 점을 교육하기 위해 억지로 추가된 것이라고 주장한다. 즉, 나체는 관람자들의 시선 속에 수치심이 들어 있는 대상이라면, 누드는 예술적 아름다움을 표현하는 이미지이다.

누드화는 예술의 역사에서 고대부터 현재까지 존재한다. 예를 들면 루카스 크라나흐Lucas Cranach the Elder 1472~1553의 〈풍경 속의 비너스Venus Standing in a Landscape〉1529에서 여성은 르네상스 누드화와 달리 당시 유행하던 사치스러운 모자와 목걸이로 장식된 누드이다. 화려한 장신구는 여성의 몸을 더욱 매력적이고 도발적인 누드의 비너스로 표현한다.

조르조네Giorgione 1477?~1510의 작품인 〈잠자는 비너스Sleeping Venus〉1510와 티치아노의 〈우르비노의 비너스Venus of Urbino〉1538는 아름다운 비너스를 표현한다. 특히 조르조네는 눈을 감은 신화 속 비너스의 몸을 풍경과 함께 놓아 우아하고 관능적인 포즈를 취한 여성으로 그렸다. 반면 티치아노는 침실에서 관람자들을 유혹하는 육감적인 비너스를 담아냈다.

누드는 시대와 장소에 따라 변화하였다. 예술 작품 속 여성의 몸은 신화 속 인물의 형상을 빌려 이상화된 이미지로 신성함을 표현한다. 그러나 여성의 몸은 점차 관람자의 세속적인 욕망을 담은 여인으로 변화하며 마네의 〈올랭피아〉에 이르러 나체와 누드의 차이를 표면적으로 제기한다.

미술과 사회

"천사를 보여 달라. 그러면 천사를 그릴 것이다." 1861년 귀스타브 쿠르베 Gustave Courbet 1819~1877의 리얼리즘realism, 사실주의 선언이다. 쿠르베는 화가가 현실 속에 실제로 존재하는 것을 보이는 대로 그려야 한다고 생각했다. 그는 왜 이와 같은 선언을 했을까? 그는 왜 그림이 현실을 그대로 반영해야 한다고 생각했을까? 서양의 종교화에서 천사는 자주 등장하는 소재였다. 천사가 등장하는 종교화나 상상의 세계가 아닌, 쿠르베가 그토록 그리고 싶어 한 세계는 어떤 것이었을까?

쿠르베 이전에 프랑스의 미술가들은 그들이 살던 당시에 발생한 사건보다는 주로 과거부터 전해져 내려오는 이야기에서 작품의 소재를 찾았다. 화가들은 주로 신화, 종교적 일화, 역사를 그림의 주제로 삼았다. 이런 그림은 관객이 보고 쉽게 공감할 수 있는 이야기를 담고 있었고, 회화라면 당연히 보편적으로 사람들이 좋아하는 주제를 다뤄야 한다고 여겨졌다.

그런데 쿠르베는 화가를 꿈꾸던 초창기부터 현실 속에 실제로 존재하는 것들을 그리고 싶어 했다. 그는 당시의 화가들이 시대의 변화를 따라가지 못하고 여전히 과거의 인습에 얽매여 관습화된 주제만을 그린다고 생각했다.

쿠르베는 1849년에 〈돌 깨는 사람들The Stone Breakers〉1850을 완성했다. 당시에 이 그림을 본 사람들은 충격에 휩싸였다. 먼저 이 작품에 등장하는 인물들은 돌을 깨고 있는 노동자들이다. 이 작품이 충격적이었던 이유는 그동안 미술을 향유했던 사람들이 누구였을까를 생각해 보면 쉽게 답을 얻을 수 있다. 예술은 19세기 초반까지만 해도 왕이나 귀족들의 사치품에 해당하는 고급 취미였다. 당연히 왕이나 귀족들이 좋아하는 주제가 서민이 일하는 모습은 아닐 것이다. 물론 보통 사람들이 일상을 즐기거나 일을 하는 장면을 다룬 장르화가 있었다. 그러나 많은 경우, 서민이나 노동자 계층의 사람이 고되게 일하는 모습은 그림으로 그릴 필요가 없었던 것이다.

쿠르베는 작품을 의뢰하는 사람의 취향에 상관없이 화가가 원하는 그림을 그릴 수 있다고 생각했다. 주변에서 쉽게 볼 수 있는 일상적인 풍경은 일하는 모습이다. 그런데도 일하는 사람의 모습을 그림의 주제로 즐겨 다루지 않는 것은 분명 이상한 일이었다. 쿠르베는 자신이 숨 쉬고 있는 일상에서 본 모습을 그리는 것이야말로 예술가의 역할이자 임무라는 강한 신념을 가지고 있었다.

〈돌 깨는 사람들〉은 젊은이와 나이 든 농부가 돌을 깨고 있는 모습을 보여 준다. 두 사람은 구겨진 옷을 입었으며 얼굴은 알아볼 수 없도록 표현되었다. 왼쪽의 젊은이는 바구니로 돌을 나르고 있고, 오른쪽의 모자를 쓴 노인은 돌을 깨고 있다. 이 모습은 서민들이 처한 빈곤을 있는 그대로 솔직하게 보여 주고 있다. 왼쪽 젊은이의 옷은 지저분하게 구겨지고 등 뒤쪽은 찢어져 있다. 오른쪽 노인의 조끼도 겨드랑이 밑이 찢어졌다. 돌을 깨는 동작 뒤에는 그들이 처한 배고픔과 가난이 드러난다. 쿠르베는 이들이 이렇게 돌을 깨며 하루하루 살아야 하는 노동자들이라는 사실을 어떻게 하면 강조할 수 있을지 고민했다. 그는 최대한 어두운 색을 사용해서 그들이 처한 상황을 반영했다. 이러한 표현 방식을 통해 현실을

귀스타브 쿠르베, 〈돌 깨는 사람들〉, 1850년, 165×257cm, 캔버스에 유채, 2차 세계대전 중 소실.

환기시키는 것이 사실주의 회화의 역할이라고 믿었던 것이다.

쿠르베는 당시 프랑스의 최대 공모전이자 걸작들을 전시하던 살롱전에 이 작품을 출품했다. 결과는 어땠을까? 아름다운 여신을 그린 그림들을 보는데 익숙하던 당시의 관람자들은 이 그림이 왜 살롱에 전시되어야 하는지 이해할 수 없었다. 여신은 아름다운 누드의 모습으로 미술관 벽에 걸렸고, 영웅은 나라를 구하는 늠름한 모습으로 역사화에 등장했다. 성모마리아와 아기 예수는 곤궁한 서민들의 마음을 위로해 주고 어루만져 주는 것 같았다. 그런데 이 그림은 일상에서 쉽게 볼 수 있는 노동자들이 주인공이다. 쿠르베의 그림은 관람자들에게 깊은 감동도, 마음의 평화나 치유도 주지 않을 뿐 아니라, 낯선 주제를 다루고 있었다. 관람자들은 그림에 등장하는 인물들이 당시 농부들이 입는 옷을 그대로 입고 있는 것도 이해할 수 없었다. 그림 속 인물들은 프랑스인이 겪고 있는 현실과는 다른 모습이어야 하는데 말이다. 더욱 불쾌한 것은 이 그림이 노동자들이 쉬고 있는 모습이 아니라 과도한 노동을 계속하고 있는 장면이라는 점이었다.

19세기 중반이 되면서 프랑스는 제2공화국이 시작되고 자본주의가 형성되어 갔다. 1850년대부터 1860년대에는 산업혁명의 영향으로 프랑스에서는 근대화가 급진적으로 진행되었다. 철로가 생기면서 기차가 다닐 수 있게 되었고, 파리 시내의 길은 모두 방사형 모양으로 정비되면서 근대화가 이루어졌다. 파리의 좁은 골목길을 대로로 정비하면서, 센 강을 중심으로 파리의 서쪽에는 부유층이 자리 잡고, 북동쪽에는 노동자 계층들이 살게 되었다.

아돌프 브라운, 〈파리 리볼리 거리Rue de Rivoli〉,
1855년, 메트로폴리탄미술관.

1789년 프랑스 혁명을 통해 프랑스 군주제가 무너진 이후 새로운 지배 계층으로 등장한 부르주아와 노동자 사이에는 불협화음이 끊이지 않았다. 1848년에는 노동자들이 부르주아 계층에 저항해서 처우개선 등을 외치며 시위를 하기도 했다. 노동자들은 종일 일하지만, 자신들이 일하는 시간에 비해 노동의 대가가 턱없이 낮다고 생각했던 것이다. 카를 마르크스Karl Marx 1818~1883가 공산당 선언을 한 것도 이 시점이었다.

〈돌 깨는 사람들〉에 등장하는 노동자들에 대한 사람들의 반응이 차

귀스타브 쿠르베, 〈오르낭의 장례식〉, 1849~1850년, 311.5×668cm, 캔버스에 유채,
파리 오르세미술관.

가웠듯이, 이 작품의 운명 또한 상당히 불행했다. 이 작품은 1945년 2월 폭격으로 현재 존재하지 않는다.

쿠르베는 〈돌 깨는 사람들〉을 그리던 시기에 예술사적으로 매우 중요한 〈오르낭의 장례식Burial at Ornans〉1849~1850을 그렸다. 사제들은 왼쪽에서 장례식을 거행하고 있고, 오른쪽에는 슬픔에 잠긴 오르낭의 동네 사람들이 모여 있다. 사람들의 얼굴은 슬픔에 차 있으며, 좌우 끝에 있는 인물들은 이상하게 인물상이 잘려 나가 있다. 쿠르베는 이 그림을 그릴 때 친구들에게 부탁해서 친구들의 얼굴을 그려 넣었다고 한다. 또한 당시의 실제 장례식을 그대로 그렸다. 이것이 쿠르베의 사실주의이다. 그의 그림 속에 등장하는 여성들은 아름답게 치장한 여성들이 아니라 일상에서 쉽게 발견할 수 있는 평범한 여성이다. 쿠르베는 예술이 현실을 더 이상 미화시키지 않는 새로운 변화를 이끌었다. 그는 다듬어지지 않은 거친 느낌, 그것이 있는 그대로의 현실이라고 선언했다.

낯선 언어와 천재 화가

현재 뉴욕 현대미술관에 소장되어 있는 〈아비뇽의 처녀들Les Demoiselles d'Avignon〉1907은 피카소가 오랫동안 일반인들에게 보여 주지 않고 숨겨둔 비밀스러운 작업이었다. 무엇 때문에 20세기의 천재 화가는 이 작품을 일부 비평가에게만 보여 주었을 뿐 대중에게 공개하지 않았을까? 1907년에 이 작품이 완성되었을 때 그 누구에게도 보여 줄 수 없었던 피카소의 비밀이란 무엇일까?

스페인의 말라가에서 태어난 피카소는 일찍부터 예술 신동, 천재로 불릴 만큼 손재주가 뛰어난 아이였다. 미술에 조예가 깊은 부모님 덕분에 미술사에 대한 해박한 지식을 가지고 있었고 프라도미술관에서 벨라스케스Diego Rodríguez de Silva y Velázquez 1599~1660의 걸작들도 일찍이 접할 수 있었다. 초창기에는 주로 청색이나 분홍색을 이용해서 우울한 느낌이나 행복하고 사랑스러운 인간의 감정을 표현하는 데 깊은 관심을 가졌다. 피카소는 스페인을 떠나 프랑스 파리에 거주하면서 그림을 그리기 시작했다. 아무도 그를 알아주지 않았지만 피카소는 파리에서 조르주 브라크를 만날 수 있었고, 자신과 같이 스페인 출신의 화가인 후안 그리스Juan Gris 1887~1927를 비롯해 동유럽 출신의 유태인 작가인 모딜리아니Amedeo Modigliani 1884~1920 등 수많은 유럽 미술가와 교류하게 되었다.

피카소의 〈아비뇽의 처녀들〉은 당시 유럽에 아프리카 예술이 소개되지 않았다면 존재할 수 없는 작품이다. 피카소는 유럽의 문화보다는 아프리카나 오세아니아의 원시 조각에서 인간의 원초적인 추상 표현을 발견했다. 이미 파리에서는 유럽 밖의 미술이 만국박람회를 통해서 소개되기 시작했고, 프랑스에서도 전통 예술에 저항하는 새로운 예술, 즉 포비즘fauvism, 야수주의이 싹트고 있었다. 본래 '야수주의'라는 말은 프랑스의 가을 전시회인 살롱 도톤Salon d'Autumn에서 루이 복셀Louis Vauxcelles 1870~1943이 비아냥거리며 만들어 낸 단어였다. 복셀은 마티스Henri Matisse 1869~1954의 작품을 보고, "도나텔로Donatello에 둘러싸인 야수"라고 표현하며 야수주의 화가들을 비판했다.

아프리카 가면.

　파리에서 야수주의 전시가 열릴 즈음, 피카소는 자신을 후원하는 예술품 거래상 볼라르Ambroise Vollard 1866~1939의 도움을 받아 카탈로니아에 위치한 작은 마을 고솔Gosol로 여행을 떠나면서 토착 예술에서 영감을 얻었다. 그동안 서양미술에서는 아프리카 미술을 제대로 이야기하는 미술가가 없었다. 더욱이 아프리카인이나 오세아니아인을 미개인이 아니라, 긍정적인 관점으로 바라보고 그들의 미술을 제대로 평가한 화가는 없었던 것이다. 피카소는 루브르미술관에서 아프리카나 이베리아 반도의 가면을 보면서 서양미술의 전통이던 원근법을 파기할 새로운 예술을 생각하였다.

　20세기 초반 아프리카 미술이 유럽에 소개되지 않았다면 피카소가 이룬 예술의 혁신은 불가능했을 것이다. 당시 유럽인들이 오세아니아로 이주하면서 이미 타히티는 서구화되었고, 토착 종교를 믿었던 사람들은

파블로 피카소, 〈아비뇽의 처녀들〉, 1907년, 243.9×233.7cm, 캔버스에 유채, 뉴욕 현대미술관.
© 2016 - Succession Pablo Picasso - SACK(Korea)

기독교로 개종하여 서구식 근대화가 진행 중이었다. 반면 오세아니아 및 아프리카 조각들은 전시를 위해 유럽으로 유입되거나 유럽의 관광객들이 현지에서 여행 기념품으로 구입해 왔다. 원시조각들은 대부분 이러한 기념품, 즉 큐리오^{curio}라는 관광상품으로 들어온 것들이었기 때문에 피

파블로 피카소, 〈한국에서의 학살〉, 1951년, 110×210cm, 나무판에 유채, 파리 피카소미술관.

카소가 여기서 예술의 미학적 가치를 발견한 것은 혁신적인 발상이었다.

그럼 피카소의 〈아비뇽의 처녀들〉은 어떤 예술적 기준을 제시한 것일까? 본래 아비뇽은 바르셀로나에 있는 홍등가의 이름이다. 처음에는 선원들이 오가는 아비뇽 거리를 생각하고 선원의 모습이나 의대생의 모습을 그려 넣었지만 수많은 습작을 거치면서 점차 원시 조각에서 보았던 인체의 모습으로 변형시켜 나갔다. 피카소는 아프리카 가면에는 서양의 전통 회화와 달리 삼차원적이고 사실적인 묘사가 별로 없지만, 추상적인 선만으로도 눈, 코, 입을 표현할 수 있다는 사실에 놀랐다. 얼굴은 정면과 측면으로 집중되었고, 한 시점에서 사물을 관찰하여 입체감과 거리감을 표현하던 원근법을 파괴하기 시작했다. 피카소는 여러 시점으로 본 얼굴 모습, 인체의 정면과 뒷모습을 기이하게 합성했다. 그리하여 〈아비뇽의 처녀들〉은 다양한 시점에서 본 인체를 뒤죽박죽 섞은 모습으로 완성되었다.

다른 한편으로 피카소는 스페인 출신이라는 자신의 정체성에 강한 자부심을 가지고 있었다. 〈아비뇽의 처녀들〉에서 왜곡된 인체들은 엘 그레코El Greco 1541~1614의 매너리즘 회화를 연상시킬 정도로 과장된 인체를 보여 준다. 매너리즘은 르네상스 이후에 등장하는 미술 사조로 르네상스 시기에 잘 지켜지던 미술의 카논, 즉 규범과 질서들이 서서히 무너지기 시작한 시기를 가리킨다. 스페인 예술의 정체성을 바탕으로, 피카소는 세잔Paul Cézanne 1839~1906의 〈대수욕도The Large Bathers〉1898~1905에 나타난 기하학적인 구성을 〈아비뇽의 처녀들〉에서 구현하였다.

피카소가 한국전쟁을 그렸다는 사실도 기억할 필요가 있다. 그는

1951년 〈한국에서의 학살Massacre in Korea〉1951을 제작하면서 스페인의 거장 고야Francisco José de Goya y Lucientes 1746~1828의 〈1808년 5월 3일The Third of May 1808〉1809을 참조했다. 피카소는 이외에도 마네가 그린 〈막시밀리안의 처형 The Execution of Emperor Maximilian〉1867을 참조했다. 즉 피카소는 스페인과 프랑스 전통 회화를 자신의 언어로 풀어서 그려 낸 것이다.

피카소와 FBI

1973년에 사망한 피카소는 많은 사람들에게 천재적인 작가로 평가받고 있다. 그런데 최근 미국에서 피카소의 이력이 논란의 중심으로 떠올랐다. 공산주의자였던 그의 이력과 미국연방수사국^{FBI}에서 조사한 일부 문서들이 일반인에게 공개되면서 벌어진 일이었다.

1950년대 미국은 소련과의 냉전으로 인해 공산당과 공산주의자에 대해 민감하게 대처하였다. 특히 냉전을 겪으면서 미국을 휩쓴 매카시즘^{McCarthyism}은 예술뿐 아니라, 사회 전반에 큰 영향을 미쳤다. 매카시즘이란 미국에서 1950년부터 1954년까지 일어난 공산주의자 색출 캠페인을 말한다. 당시 많은 문인, 예술가, 정치인, 심지어는 일반인들도 감시 대상 명단에 올라 조사를 받았고 직업을 잃기도 했다.

피카소는 1944년에 프랑스 공산당에 가입하였고, 전시를 이유로 미국과 유럽을 오갔다. 따라서 그는 당시 FBI를 긴장시켰고 실제로 FBI 측에서 비밀리에 피카소를 뒷조사를 했다는 주장이 나오게 된 것이다. 피카소는 공산당에 가입한 후 특히 공산당 출판물에 삽화를 그리며 협력했다고 한다. 피카소가 그렸던 뛰어난 그림들 때문에 판매 부수가 올라가면서 공산당에 실질적인 도움을 주기도 했다. 당시 피카소에게 예술은 미적 창조물이라기보다 인간의 투쟁 의지를 표현하는 수단이었던 것이다.

그러나 피카소의 공산당 활동은 1953년 스탈린Joseph Stalin 1878~1953의 죽음으로 인해 완전히 바뀌게 된다. 그는 스탈린의 죽음을 알리는 보도에 초상화를 그려 넣었는데, 자신의 예술 양식으로 작업한 것이 문제가 되었다. 예술가적 기질로 충만했던 피카소는 젊은 스탈린의 이목구비를 강조하는 목탄 드로잉을 제작했다. 그런데 대조가 뚜렷한 굵은 선으로 이루어진 스탈린의 얼굴 표현은 공산당의 매몰찬 비판을 받게 되었다. 이러한 비난에 대해 피카소는 "나는 존경과 애정의 표시로 이 작품을 보냈다."고 답했다. 그러나 공산당은 예술의 이름으로 스탈린의 얼굴을 수정한다는 것을 용납하지 않았다. 결국 피카소는 이 일로 공산당과 결별한다. 현재 이 작품은 소실된 듯하다.

한편 FBI는 약 25년간 피카소가 쓴 글, 그림 등을 추적하며 공산당과의 관계를 계속 조사했지만 결국 혐의를 증명하지 못했다고 한다. 20세기 추상예술을 개척한 피카소는 결국 예술가로 우리의 기억 속에 남게 되었다.

참고 문헌

- 김리나, 《한국 고대 불교 조각사 연구》, 일조각, 1989.

- 김영나, 《20세기 한국 미술》, 예경, 1998.

- 김원룡, 《한국 고미술의 이해》, 서울대학교출판부, 1981.

- 김흥식, 《세상의 모든 지식》, 서해문집, 2007.

- 《대한제국, 근대국가를 꿈꾸다》, 국립중앙박물관, 2015.

- 리처드 A. 포스너, 《성과 이성》, 이민아 옮김. 말글빛냄, 2007.

- 마이클 설리번, 《동서 미술 교섭사》, 이송란, 정우정, 이용진 옮김. 미진사, 2013.

- 서성록, 《한국의 현대미술》, 문예출판사, 1994.

- 안휘준, 《한국 회화의 이해》, 시공사, 2000.

- 이송란, 〈보요기법과 누리세공기법으로 본 신라 공예의 수용 과정〉, 《고문화》, 86집(2015. 12).

- 이연식, 《아트파탈》, 휴먼아트, 2011.

- 이은기 외, 《서양미술사전》, 미진사, 2015.

- 오광수, 《한국 현대미술의 미의식》, 도서출판 재원, 1995.

- 정수일, 《문명의 루트 실크로드》, 효형출판, 2002.

- 질송 바헤토, 《미켈란젤로 미술의 비밀》, 유영석 옮김. 문학수첩, 2008.

- 최용범, 《하룻밤에 읽는 한국사》, 페이퍼로드, 2007.

- 파지아 쿠피, 《파지아 쿠피》, 나선욱 옮김. 애플북스, 2012.

- 《황금의 나라 신라의 왕릉 황남대총》, 국립중앙박물관 용산 개관 5주년 기념 특별전, 2010.

- E. H. 곰브리치, 《서양미술사(The Story of Art)》, 백승길, 이종숭 옮김. 예경, 2013.

- H. W. 잰슨 & A. F. 잰슨, 《서양미술사(History of Art for Your People)》, 최기득 옮김. 미진사, 2008.

- Akiyama, Terukazu, "André Malraux et l'art japonais," *André Malraux et le Japon éternel*, Tokyo: Musée Idemitsu, 1978, pp.50–55.

- Baltsavias, Manos & Armin Gruen, *Recording, Modeling and Visualization of Cultural Heritage, Boca Raton*, Florida: CRC Press, 2006.

- Binyon, Laurence Binyon, "Replica of a Statue of *Kannon*," *British Museum Quarterly*, VII (1932–33).

- Chumei Ho, *Splendors of China's Forbidden City: The Glorious Reign of Emperor Qianlong*, Merrell Publishers Limited, 2004.

- CHUNG Yang–mo et al. *Arts of Korea*. New York: Metropolitan Museum of Art, 1998.

- Clark, Kenneth. *The Nude: A Study in Ideal Form, New Jersey*: Princeton University Press, 1972.

- Clunas, Crag. *Art in China. Oxford History of Art*. Oxford: Oxford University Press, 1997.

- Cohen, Sarah R., "Rubens's France: Gender and Personification in the Marie de Médicis Cycle," *The Art Bulletin*, Vol. 85, No. 3, (Sept. 2003), pp.490–522.

- Eisenman, Stephen E., ed. *Nineteenth-Century Art: A Critical History*. 3rd edition. New York: Thames & Hudson, 2007.

- Fisher, Robert E. *Buddhist Art and Architecture*. World of Art. London: Thames & Hudson, 1993.

- Franscina, Francis. *Art, Politics and Dissent: Aspects of the Art Left in Sixties America*. Manchester: Manchester University Press, 1999.

- He, Zhou. "Diffusion of movable type in China and Europe: Why were there two fates?," *International Communication Gazette*, vol. 53, no. 3, 1994.

- Husband, Timothy B. *The Art of Illumination: The Limbourg Brothers and the "Belles Heures" of Jean de France, Duc de Berry*. New York: The Metropolitan Museum of Art, 2003.

- Janson, H. W. *History of Art*. London & New York: Harry N. Abrams, 2004.

- Krahl, Regina et al. *China: The Three Emperors, 1662-1795*. London: Harry N. Abrams, 2005.

- Kim, Yong–na. *20th Century Korean Art*. London: King Laurence Publish, 2006.

- Kleiner, Fred S. *Gardners' Art Through the Ages: A Global History*. Wadsworth: Thomson, 2009.

- Lee, Sherman E. *A History of Far Easter Art*, 5th Edition. New York: Harry N. Abrams, 1994.

- Margottini, Claudio. *After the Destruction of Giant Buddha Statues in Bamiyan (Afghanistan) in 2001: A UNESCO's Emergency Activity for the Recovering and Rehabilitation of Cliff and Niches*, New York: Springer, 2014.

- Mason, Penelope E. *History of Japanese Art*, New York: Abrams, 1993.

- Morrison, Jeffery and Florian Krobb, *Text into Image: Image into Text*, Amsterdam: Rodopi Bv Editions, 1997.

- Nochlin, Linda. *Realism*. Harmondsworth: Penguin, 1971.

- Park, Hak Soo and Eui Pak Yoon, "Early movable metal types produced by lost–wax casting," *Metals and Materials International*, New York: Springer, 2009.

- Said, Edward. *Orientalism*. NY: Vintage, 1979.

- Sullivan, Michael. *The Arts of China*. Berkeley and Los Angeles, 1999.

- Temkin, Ann. *Color Chart*, New York: The Museum of Modern Art, 2008.

- Thorp, Robert L. and Richard Ellis Vinograd, *Chinese Art and Culture*. New Jersey: Prentice Hall, 2001.

- Utley, Gertje. *Picasso: The Communist Years*, New Haven: Yale University Press, 2000.

- Ward, Gerald W. R., *The Grove Encyclopedia of Materials and Techniques in Art*, Oxford: Oxford University Press, 2008.

- Watt, James, C. Y., ed. *China: Dawn of a Golden Age, 200-750 AD*, New York: The Metropolitan Museum of Art, 2004.

- Whitfield, Roderick. *Cave Temples of Mogao: Art and History on the Silk Road*, The J. Paul Getty Museum, 2000.

그림 출처

이미지 출처

- 17쪽   https://commons.wikimedia.org/wiki/File:Palladio_Palazzo_della_Ragione_upper.jpg

- 47쪽   http://www.ajaonline.org/online-review-museum/378

- 48쪽   http://weisbrodinternational.com/item/painted-pottery-figure-of-a-semitic-merchant/

- 66쪽   https://commons.wikimedia.org/wiki/File:Self-portrait_of_Hubert_Vos,_frameless.jpg

- 67쪽   https://commons.wikimedia.org/wiki/File:Gojong-King_of_Korea-by.Hubert_Vos-1898.jpg

- 67쪽   https://commons.wikimedia.org/wiki/File:Korea-Min_Sangho-1898-Hubert_Vos.jpg

- 67쪽   https://commons.wikimedia.org/wiki/File:Seoul_scenery-Hubert_Vos-1898.jpg

- 79쪽   https://commons.wikimedia.org/wiki/File:G._Caillebotte_-_Jeune_homme_%C3%A0_la_fen%C3%AAtre.jpg

- 86쪽   https://commons.wikimedia.org/wiki/File:Korean_book-Jikji-Selected_Teachings_of_Buddhist_Sages_and_Seon_Masters-1377.jpg

그림 소장처

교과 연계

1 미술과 권력

- 중학교   역사(상)   7-4 유럽 고대 문화의 발전

                           사회3   6-2 정치권력의 의미와 특성

2 미술과 동서 문화 교류

- 중학교   사회2   1-3 문화의 공존과 갈등

                                            13-2 국제사회의 갈등과 협력

                           역사(상)   7-3 서아시아 세계의 전개

                                            9-3 명·청 제국과 동아시아 사회의 발전

                                            9-4 신항로 개척과 유럽 사회의 발전

- 고등학교   한국사   1-3 고대 국가의 특성

                           미술감상   1-6 미술사 여행

3 미술과 테크놀로지

- 중학교   역사(상)   8-4 유럽 문화권의 형성

                           역사(하)   5-2 산업혁명과 자본주의의 발전

4 미술과 일상

- 중학교   사회1   9-3 대중매체와 대중문화

                           사회3   7-3 시민의 권리와 의무 및 정치 참여

- 고등학교   미술감상   2-3 아이디어의 힘, 뒤샹

                           2-7 대중, 순수의 경계, 워홀의 팝아트